한 권으로 끝내는
중국어 간체자
펜맨십

한 권으로 끝내는
중국어 간체자 펜맨십

찍은날	2017년 3월 20일
펴낸날	2017년 3월 30일

엮은이	바벨어학연구원
펴낸이	조 명 숙
펴낸곳	도서출판 북도드리
등록번호	제16-2083호
등록일자	2000년 1월 17일

주소	서울·금천구 가산디지털1로 205, 705(가산동, KCC웰츠밸리)
전화	(02) 851-9511
팩스	(02) 852-9511
전자우편	appbook21@naver.com

ISBN 978-89-86607-22-2 13720

값 7,000원

• 잘못된 책은 바꾸어드립니다.

한 권으로 끝내는
중국어
간체자
펜맨십

바벨어학연구원 엮음

북도드리
도서출판

중국어의 특징

▶ 중국어는 북경어를 표준어로 합니다.

　중국어는 중국, 대만, 홍콩 외에도 싱가포르, 말레이시아 등 전세계 13억 명 정도가 사용하는 세계 최대의 언어입니다.

　중국은 약 56개 민족으로 구성된 다민족 국가입니다. 따라서 중국어라는 말은 많은 소수민족의 언어가 포함된 포괄적인 말입니다.

　일반적인 중국어는 중화권 전체의 90% 이상을 차지하고 있는 한족(汉族)이 사용하는 언어 즉, 한어(汉语)를 말합니다. 하지만 한족이 사용하는 언어가 모두 같은 것은 아닙니다. 중국에는 지역에 따라 6~7가지의 방언군으로 나뉘는데, 특히 상해어, 광동어, 복건어 등이 가장 대표적인 방언입니다. 이러한 방언들은 서로 의사 소통이 불가능할 정도에 이르기도 합니다.

　따라서 중국 정부는 중화민국(中华民国) 초기에 이르러 전국적인 국어통일운동이 추진되었는데, 그 결과 표준어로 채택된 것이 보통화(普通话)입니다.

　보통화는 한족의 70% 정도가 사용하고 있는 북방방언(北方方言)을 기초로 북경음(北京音)을 표준음으로 하며, 모범적인 현대구어(现代口语)로 쓰여진 문학작품을 규범으로 하는 일상어를 채택하였는데, 근래에 우리가 배우고 있는 중국어가 바로 이 보통화(普通话)인 것입니다

▶ 중국어는 표의문자입니다.

　한국어나 일어, 영어 등은 글자를 소리나는 대로 적은 표음문자(表音文字)인데, 중국어는 글자마다 다른 뜻을 지닌 표의문자(表意文字)입니다.

　따라서 글자나 단어를 보면 그 뜻은 알 수 있지만 그 글자를 읽는 정확한 방법은 알 수가 없습니다. 그래서 각 글자의 음을 표기할 수 있는 방법을 사용하게 되었는데, 그것이 한어병음자모(汉语拼音字母)와 주음 부호(注音符号)입니다.

간체자의 특징

▶ 중국어 문자의 표기법(간체자 · 번체자)

중국어를 표기하는 글자는 한자(汉字)입니다. 한자의 표기에는 두 가지 방식이 있습니다. 우리가 일반적으로 사용하는 정자체를 번체자(繁体字)라고 하며, 번체자의 획수를 줄이거나 형태를 단순화시켜 만든 한자를 간체자(简体字)라고 합니다.

우리나라 대만, 홍콩 및 동남아 국가 등에서는 번체자를 쓰고 있으며, 오로지 중국 본토에서만 간체자를 사용하고 있습니다.

그러나 중국의 개방과 함께 경제력이 커지면서 중화권 대부분에서도 이 간체자를 사용하려는 움직임이 점차 커지고 있습니다.

▶ 간체자의 형성 과정

1950년대 중국 정부는 번체자가 쓰기 복잡하고 어려워 많은 국민들이 문맹인 것을 깨닫고 중국인들이 한자를 보다 쉽게 익히게 하기 위해 한자의 간화(简化)작업을 시작하게 되었습니다.

1952년 중국문자개혁위원회(中国文字改革委员会)를 창설하여 간체자를 수집하고 연구 개발하였으며 오랜 기간의 실험과 토론을 거쳐 마침내 1964년에 2,238자의 간체자를 정리한 "간화자총표(简化字总表)"를 공표하게 되었습니다.

이후 1986년에 국무원(国务院)에서 이를 약간 수정하여 2,235자를 최종적으로 발표하게 됩니다.

오늘날 전세계에서 사용되는 간체자가 불과 수십년 전에 정리되었다는 것은 매우 놀라운 것이며, 그럼에도 불구하고 널리 사용되는 것을 보면 중국의 위세가 대단하다고 아니할 수 없습니다.

간화 방식에 따른 분류

옛 글자(古字)에서 필획이 간단한 것을 채택합니다.	萬 ➡ (万) 個 ➡ (个)	禮 ➡ (礼) 衆 ➡ (众)
초서(草書)를 해서체 형태로 변형해서 간화합니다.	書 ➡ (书) 興 ➡ (兴)	車 ➡ (车) 專 ➡ (专)
정자(正字)의 특정 부분으로 전체를 대표하게 합니다.	飛 ➡ (飞) 聲 ➡ (声)	開 ➡ (开) 號 ➡ (号)
정자(正字)의 필획을 줄이거나 생략합니다.	單 ➡ (单) 惡 ➡ (恶)	獎 ➡ (奖) 國 ➡ (国)
성부(聲符)를 필획이 간단한 자로 대체합니다.	億 ➡ (亿) 運 ➡ (运)	燈 ➡ (灯) 遠 ➡ (远)
필획이 간단한 동음자(同音字)를 대체하여 사용합니다.	隻 ➡ (只) 麵 ➡ (面)	後 ➡ (后) 幹 ➡ (干)
새로운 형태의 글자를 만들어 사용합니다.	義 ➡ (义) 華 ➡ (华)	馬 ➡ (马) 龍 ➡ (龙)

주요 부수 간화 형태

간화 형태	정자 형태	명 칭	적용 예
讠	言	말씀 언	语 说 谁
纟	糸	실 사	红 约 纪
门	門	문 문	间 问 闻
马	馬	말 마	驸 驯 骂
饣	食	먹을 식	饰 饱 饼
贝	貝	조개 패	贞 负 财
见	見	볼 견	观 觉 现
风	風	바람 풍	飒 飘
车	車	수레 차	轨 轮 轴
长	長	길 장	帐 账 张
韦	韋	가죽 위	伟 围 韩
钅	金	쇠 금	针 铁 钉
龙	龍	용 롱	拢 茏 胧
鸟	鳥	새 조	鹤 鸣 鸠
页	頁	머리 혈	顶 颅 须
麦	麥	보리 맥	麸 麦
齿	齒	이 치	啮 龆 龇
鱼	魚	고기 어	鲂 渔 鳍

7

간체자의 기본 필순

1. 가로와 세로 획이 모두 있을 때에는 가로 획을 먼저 씁니다.

   十 十

2. 위에서 아래로 씁니다.

   三 三 三

3. 삐침과 파임이 만날 때에는 삐침을 먼저 씁니다.

   人 人

4. 왼쪽에서 오른쪽으로 씁니다.

   训 训 训 训 训

5. 좌우 대칭형은 가운데 획을 먼저 긋고, 왼쪽에서 오른쪽으로 씁니다.

   小 小 小

6. 좌우 점, 삐침과 파임이 만날 때에는 좌우를 먼저 쓰고 삐침, 파임 순으로 씁니다.

   火 火 火 火

7. 안과 바깥쪽이 있고 열려 있는 경우에는 바깥쪽을 먼저 쓰고, 안을 채워 씁니다.

   月 月 月 月

8. 안과 바깥쪽이 있고 닫혀 있는 경우에는 바깥쪽을 먼저 쓰고, 안을 채워 쓴 후 바깥쪽을 마무리하여 씁니다.

   国 国 国 国 国 国 国 国

9. 글자 가운데를 꿰뚫는 획은 제일 나중에 씁니다.

   中 中 中 中

10. 받침이 있는 글자는 받침을 제일 나중에 씁니다.

    这 这 这 这 这 这 这

간체자 익히기

이 책의 특징

1. 활용도가 높은 간체자를 빈도순으로 정리했습니다.
2. 글자의 훈과 음, 병음, 부수, 필순 등을 완벽하게 정리했습니다.
3. 글자를 쓰면서 익힐 수 있도록 준비했습니다.
4. 의미별 적용 단어를 함께 실어 이해하기 쉽도록 했습니다.

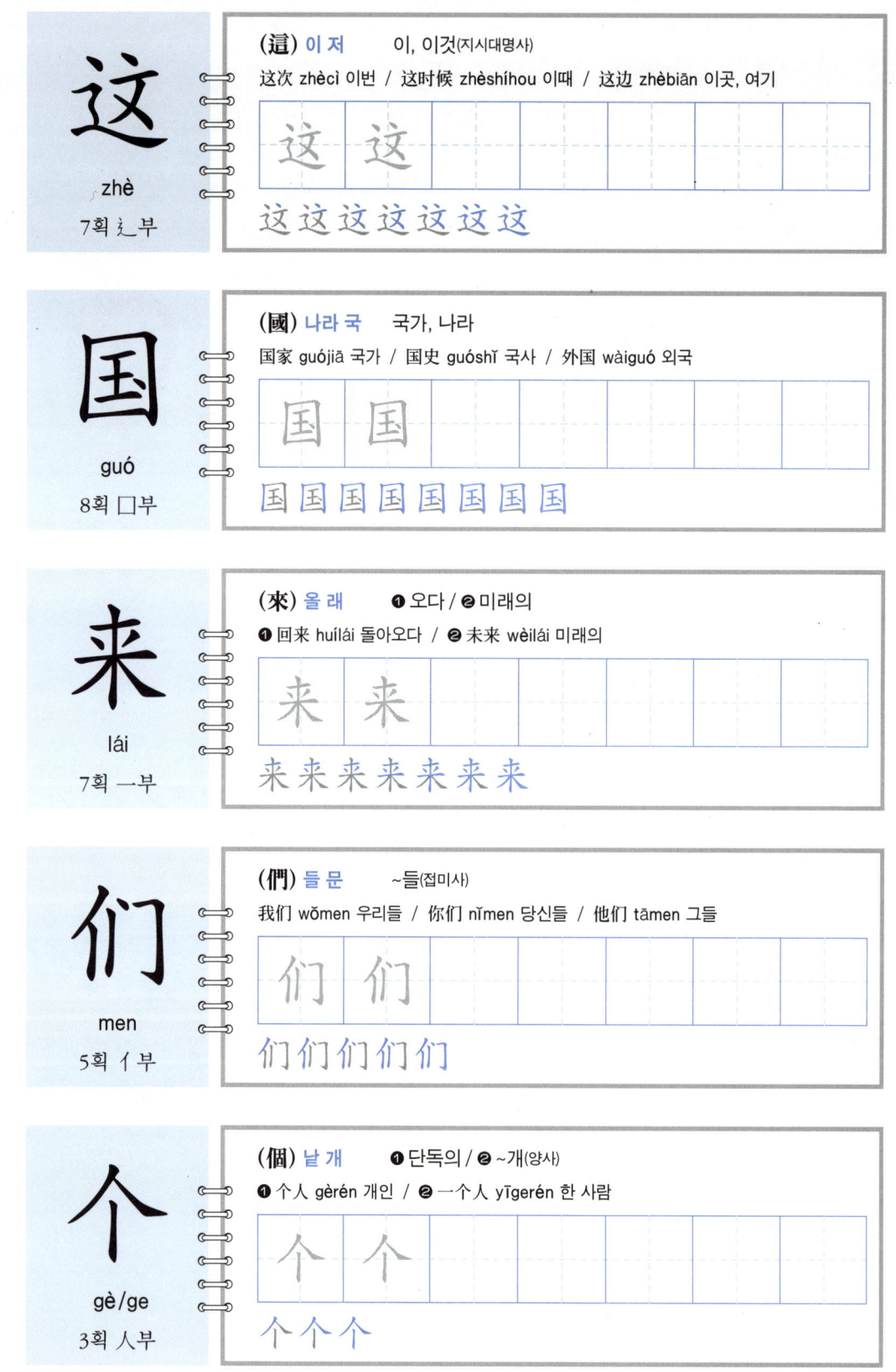

说
shuō
9획 讠부

(說) 말씀 설 ❶ 말하다 / ❷ 설명하다, 해설하다 / ❸ 학설, 이론
❶ 演说 yǎnshuō 연설 / ❷ 说明 shuōmíng 설명 / ❸ 学说 xuéshuō 학설

说 说

说说说说说说说说说

为
wéi / wèi
4획 丶부

(爲) 행할 위 ❶ ~하다 / ❷ 지키다, 돕다
❶ 为学 wéixué 학문하다 / ❷ 为了 wèile ~를 위하여

为 为

为为为为

时
shí
7획 日부

(時) 때 시   시기, 시간
四时 sìshí 사계절 / 时候 shíhou 동안, 시간 / 小时 xiǎoshí 시간(단위)

时 时

时时时时时时时

会
huì
6획 人부

(會) 모일 회 ❶ 모이다 / ❷ ~할 수 있다
❶ 会谈 huìtán 회담 / ❷ 不会 bùhuì 할 줄 모른다

会 会

会会会会会会

你
nǐ
7획 亻부

당신 니   너, 자네, 당신
你们 nǐmen 당신들 / 你校 nǐxiào 너희 학교 / 你国 nǐguó 너희 나라

你 你

你你你你你你你

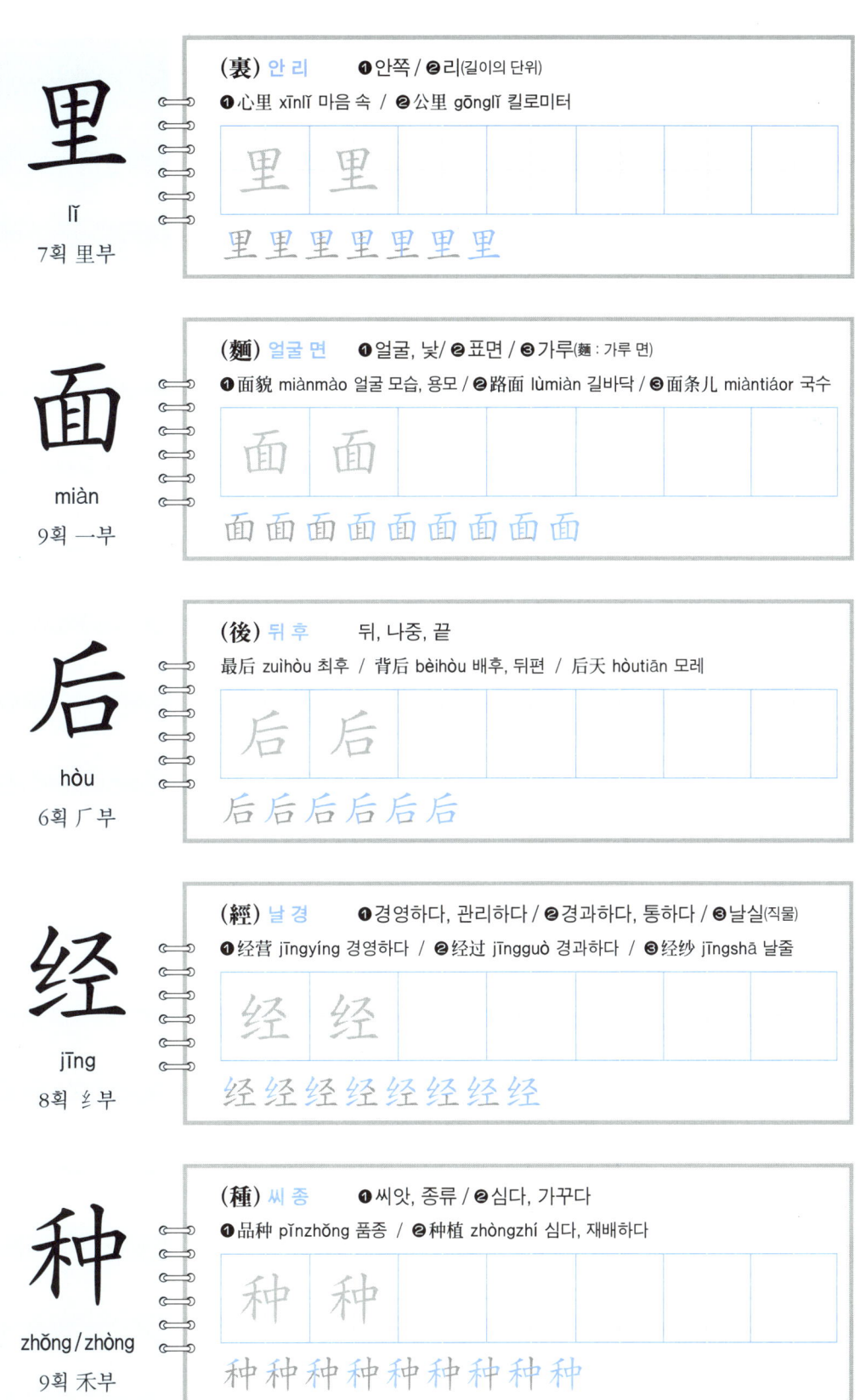

还 huán/hái
7획 辶부

(還) 돌아올 환　❶돌아가다, 돌려주다 / ❷여전히, 아직도

❶还原 huányuán 환원하다 / ❷还是 háishi 아직도

还 还　　　　　　

还还还还还还还

产 chǎn
6획 亠부

(産) 낳을 산　낳다, 생산하다, 산출하다

生产 shēngchǎn 생산 / 财产 cáichǎn 재산 / 矿产 kuàngchǎn 광산, 광물

产 产　　　　　　

产 产 产 产 产 产

进 jìn
7획 辶부

(進) 나아갈 진　❶나아가다 / ❷들어가다 / ❸올리다, 바치다

❶进步 jìnbù 진보 / ❷进去 jìnqù 안으로 들어가다 / ❸进香 jìnxiāng 향을 피워 올리다

进 进　　　　　　

进进进进进进进

样 yàng
10획 木부

(樣) 모양 양　❶모양, 형상 / ❷견본, 표본

❶样子 yàngzi 모양 / ❷样品 yàngpǐn 견본품

样 样　　　　　　

样样样样样样样样样样

长 cháng/zhǎng
4획 长부

(長) 길 장　❶길다 / ❷우두머리 / ❸나이가 많다

❶长途 chángtú 장거리 / ❷校长 xiàozhǎng 교장 / ❸年长 niánzhǎng 나이를 먹다

长 长　　　　　　

长 长 长 长

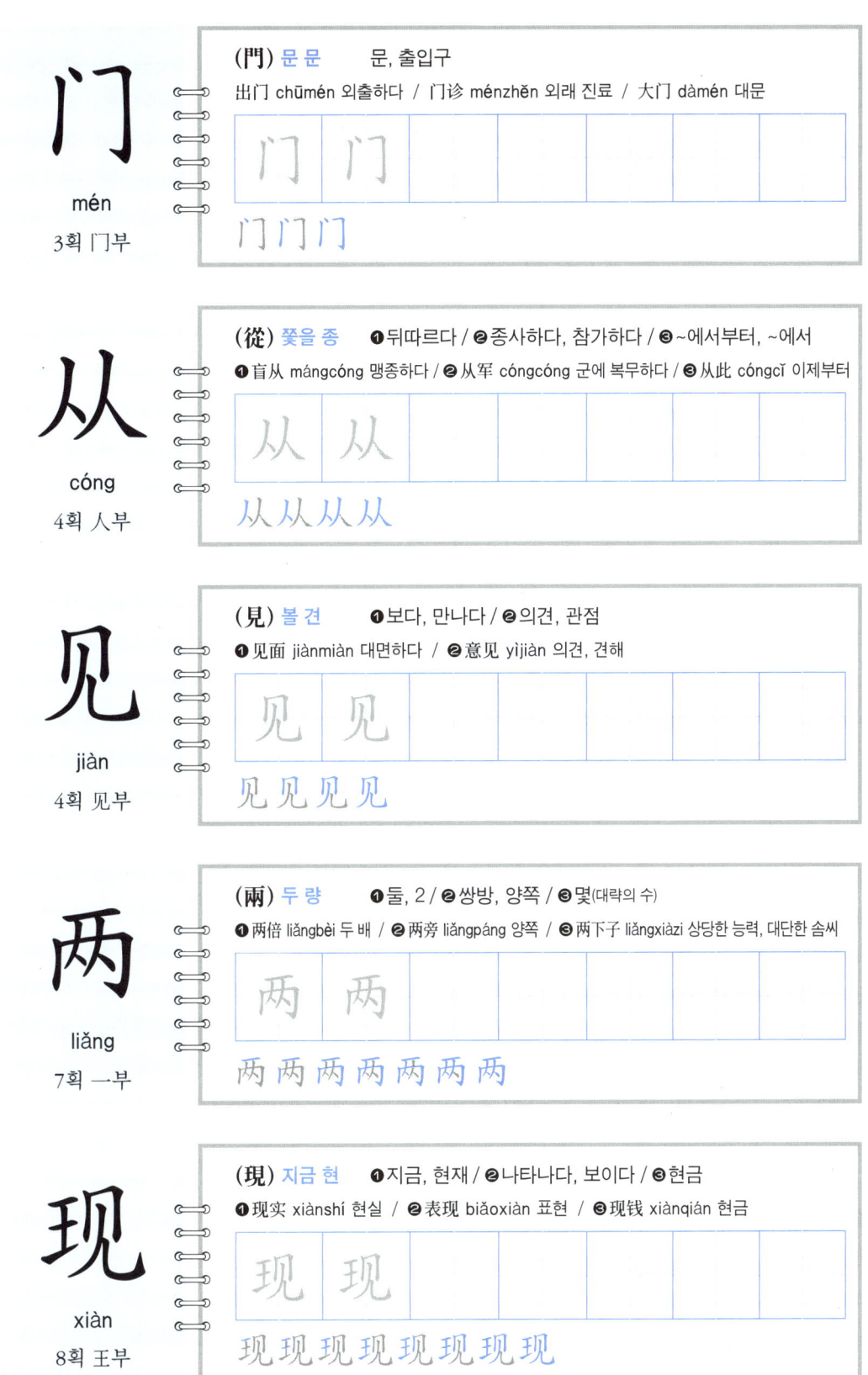

(門) 문 문   문, 출입구
出门 chūmén 외출하다 / 门诊 ménzhěn 외래 진료 / 大门 dàmén 대문

门 mén
3획 门부

(從) 쫓을 종   ❶뒤따르다 / ❷종사하다, 참가하다 / ❸~에서부터, ~에서
❶盲从 mángcóng 맹종하다 / ❷从军 cóngcóng 군에 복무하다 / ❸从此 cóngcǐ 이제부터

从 cóng
4획 人부

(見) 볼 견   ❶보다, 만나다 / ❷의견, 관점
❶见面 jiànmiàn 대면하다 / ❷意见 yìjiàn 의견, 견해

见 jiàn
4획 见부

(兩) 두 량   ❶둘, 2 / ❷쌍방, 양쪽 / ❸몇(대략의 수)
❶两倍 liǎngbèi 두 배 / ❷两旁 liǎngpáng 양쪽 / ❸两下子 liǎngxiàzi 상당한 능력, 대단한 솜씨

两 liǎng
7획 一부

(現) 지금 현   ❶지금, 현재 / ❷나타나다, 보이다 / ❸현금
❶现实 xiànshí 현실 / ❷表现 biǎoxiàn 표현 / ❸现钱 xiànqián 현금

现 xiàn
8획 王부

么 me
3획 丿부

(麼) 그런가 마 무엇, 어떻게

那么 nàme 그렇게, 저렇게 / 干什么 gànshénme 왜, 어째서 / 这么 zhème 이렇게

么么么

电 diàn
5획 田부

(電) 번개 전 전기, 번개

电话 diànhuà 전화기 / 电影 diànyǐng 영화 / 电视 diànshì TV, 텔레비전

电电电电电

开 kāi
4획 一부

(開) 열 개 ❶열다, 켜다 / ❷개척하다, 통하게 하다 / ❸시작하다

❶开幕 kāimù 개막하다 / ❷开路 kāilù 선도하다 / ❸开始 kāishǐ 시작되다

开开开开

只 zhǐ / zhī
5획 口부

(祇) 다만 지 ❶단지, 겨우 / ❷단독의, 단 하나의 / ❸마리, 척, 개(번체 隻 : 외짝 척)

❶只是 zhǐshì 단지, 다만 / ❷只身 zhīshēn 단신, 홀몸(隻:척) / ❸一只狗 yìzhīgǒu 개 한 마리(隻:척)

只只只只只

实 shí
8획 宀부

(實) 열매 실 ❶충실하다, 꽉 차다 / ❷진실, 사실 / ❸열매, 씨앗

❶坚实 jiānshí 튼튼하다 / ❷确实 quèshí 확실하다 / ❸实弹 shídàn 실탄, 총알

实实实实实实实实

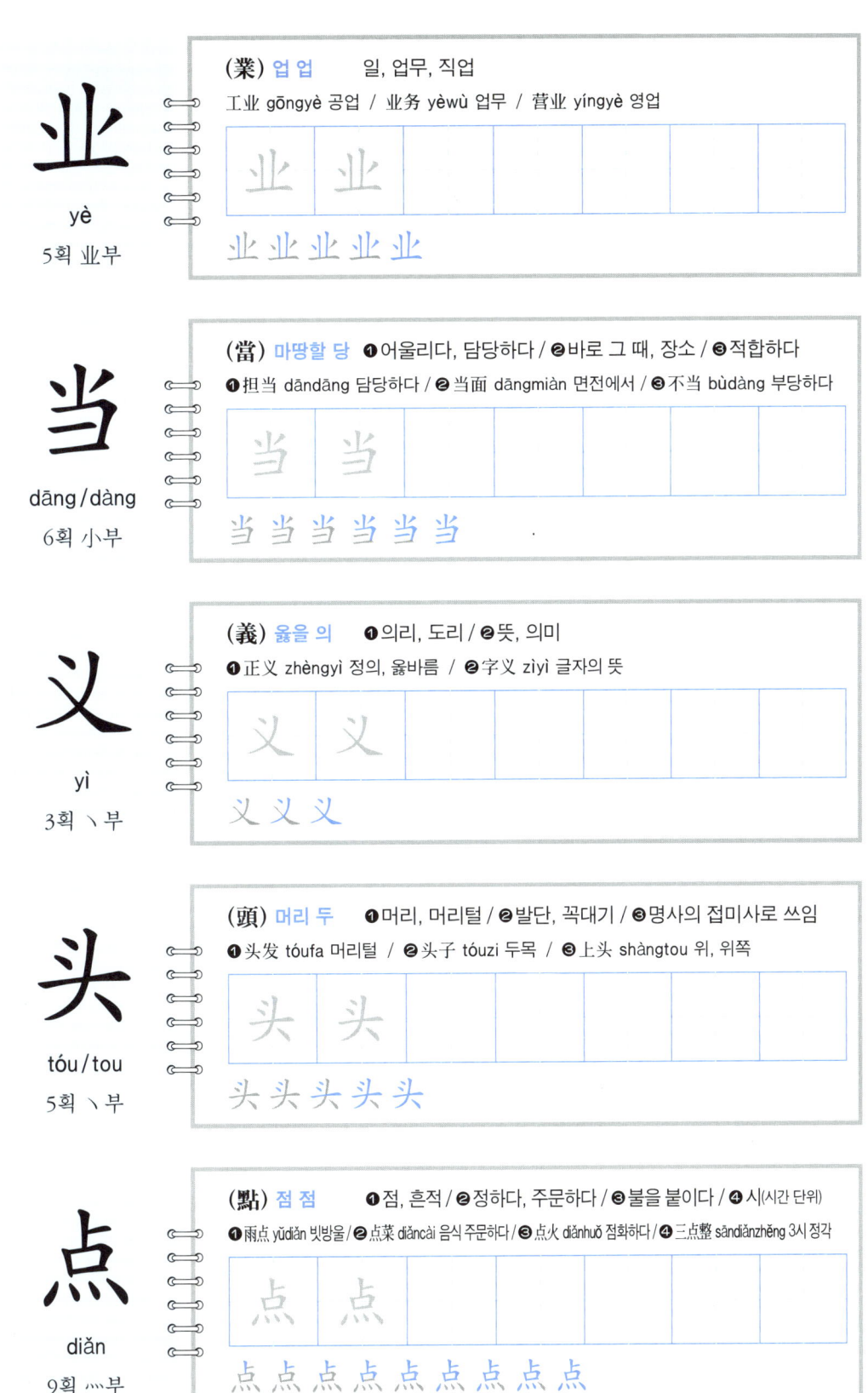

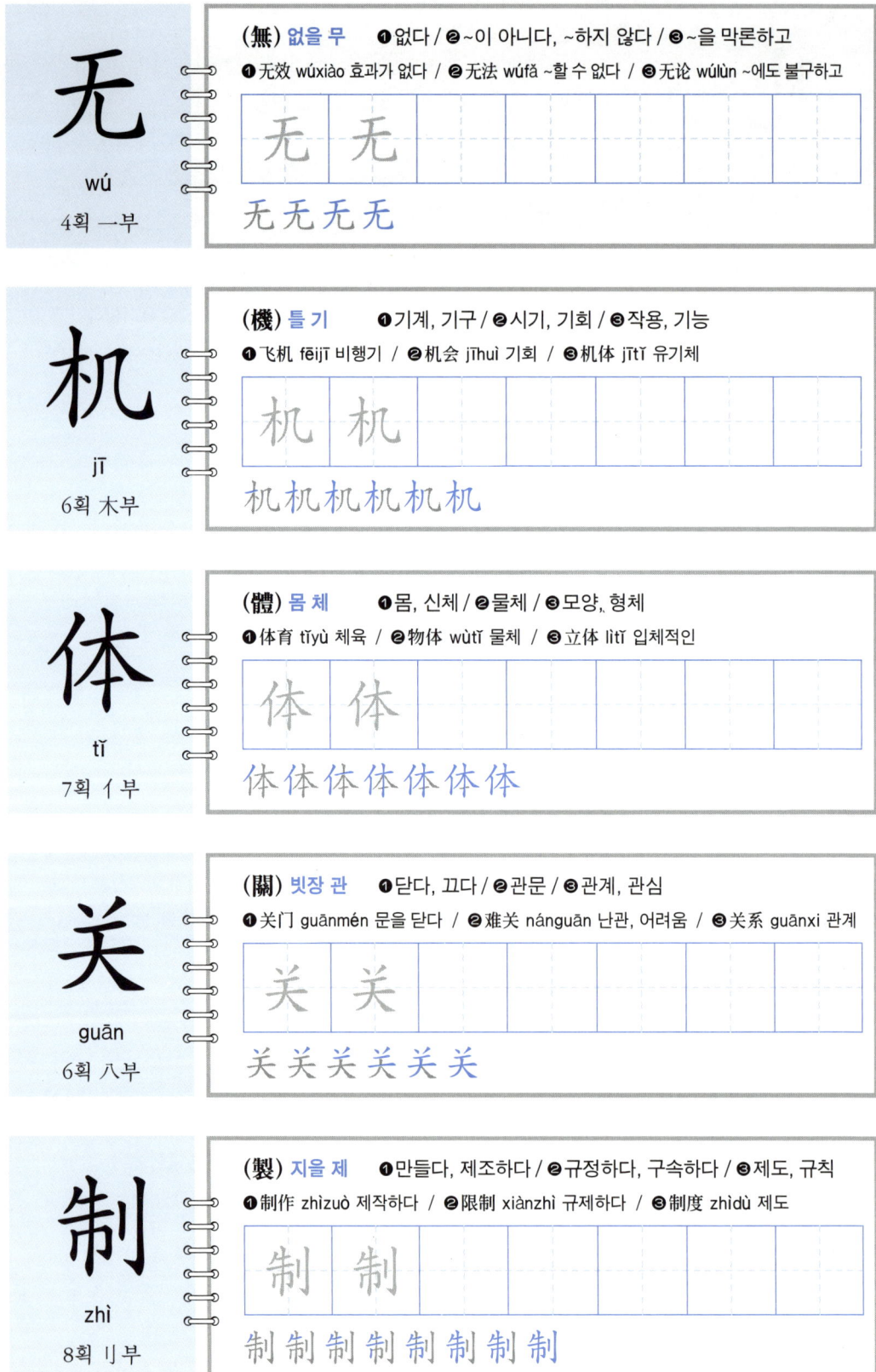

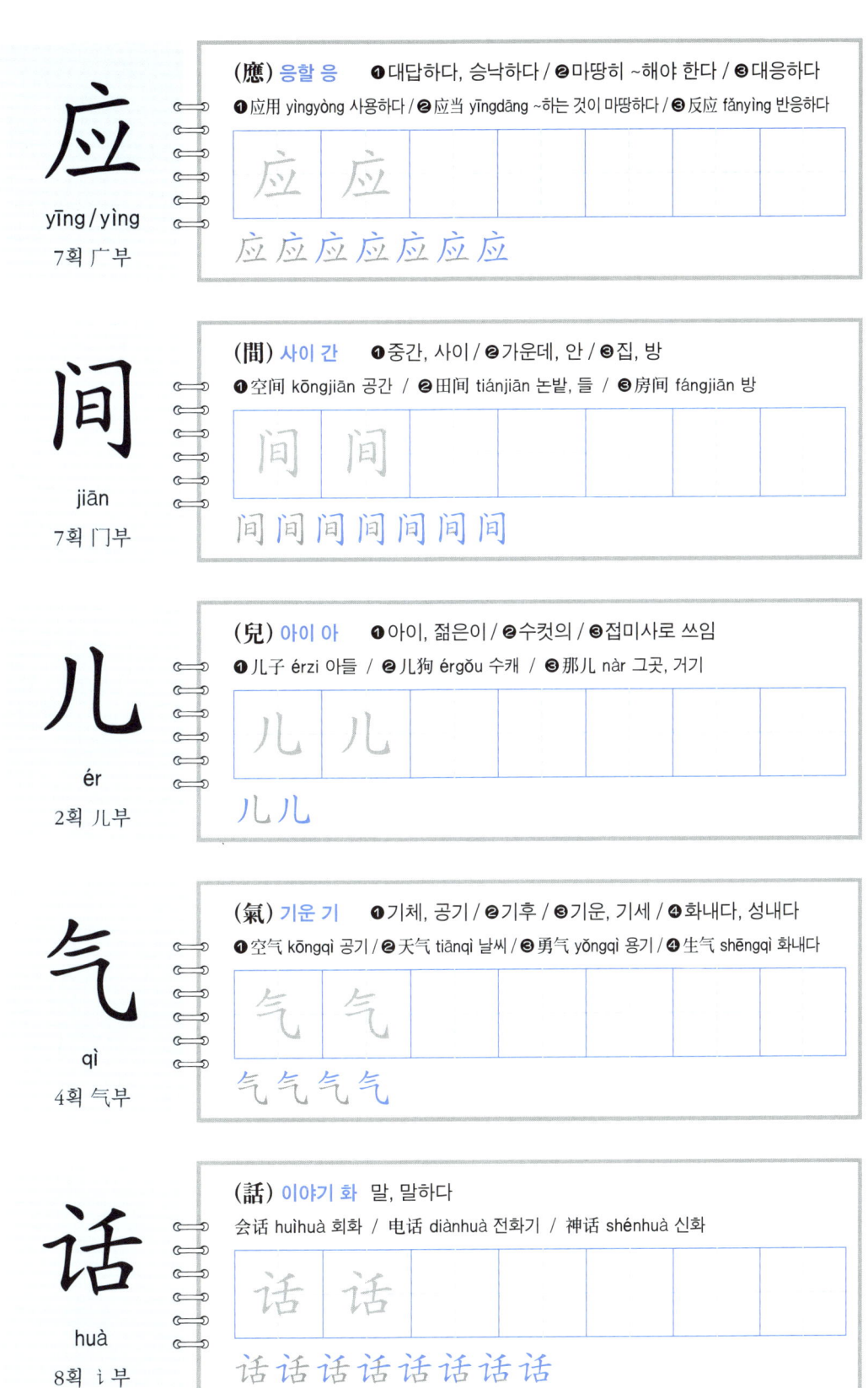

✱ 다시 익혀 볼까요?

(1) 다음의 번체자를 간체자로 바꿔보세요.

❶ 這 → (　　) ❷ 國 → (　　) ❸ 來 → (　　)

❹ 們 → (　　) ❺ 個 → (　　) ❻ 說 → (　　)

❼ 爲 → (　　) ❽ 時 → (　　) ❾ 會 → (　　)

❿ 學 → (　　) ⓫ 發 → (　　) ⓬ 過 → (　　)

⓭ 動 → (　　) ⓮ 對 → (　　) ⓯ 裏 → (　　)

(2) 병음과 음, 뜻을 보고 간체자를 써보세요.

❶ chǎn 낳을 산 (　　) 낳다, 생산하다　　❷ jìn 나아갈 진 (　　) 나아가다

❸ yàng 모양 양 (　　) 모양, 형상　　❹ cháng 길 장 (　　) 길이가 길다

❺ mén 문 문 (　　) 문, 출입구　　❻ cóng 쫓을 종 (　　) 뒤따르다, 따라가다

❼ jiàn 볼 견 (　　) 보다, 만나다　　❽ liǎng 두 량 (　　) 둘, 2

❾ xiàn 지금 현 (　　) 지금, 현재　　❿ diàn 번개 전 (　　) 번개, 전기

⓫ kāi 열 개 (　　) 열다, 켜다　　⓬ zhǐ 다만 지 (　　) 단지, 다만, 겨우

⓭ shí 열매 실 (　　) 열매, 꽉 차다　　⓮ yè 업 업 (　　) 일, 업무, 직업

⓯ dāng 마땅할 당 (　　) 담당하다, 맡다　　⓰ yì 옳을 의 (　　) 의리, 도리, 뜻, 의미

⓱ tóu 머리 두 (　　) 머리, 꼭대기　　⓲ diǎn 점 점 (　　) 점, 흔적

⓳ wú 없을 무 (　　) 없다, ~이 아니다　　⓴ jī 틀 기 (　　) 기계, 기구, 기회, 시기

(3) 병음과 뜻을 보고 단어를 완성해서 써보세요.

❶ zuìhòu	최후			
❷ jīngyíng	경영, 경영하다			
❸ pǐnzhǒng	품종			
❹ nǐmen	당신들, 너희들			
❺ guójiā	국가, 나라			
❻ gèrén	개인			
❼ yǎnshuō	연설, 연설하다			
❽ sìshí	4계, 4계절			
❾ dàxué	대학, 대학교			
❿ duìlì	대립, 대립하다			

(4) 다음의 빈칸을 완성해 보세요.

❶ chǎn		産		낳다, 생산하다
❷ jìn	나아갈 진			나아가다
❸ mén		門		문, 출입구
❹ cóng	쫓을 종			뒤따르다, 쫓아가다
❺ jiàn			见	보다, 만나다

정답 (1) ❶这 ❷国 ❸来 ❹们 ❺个 ❻说 ❼为 ❽时 ❾会 ❿学 ⓫发 ⓬过 ⓭动 ⓮对 ⓯里 (2) ❶产 ❷进 ❸样 ❹长 ❺门 ❻从 ❼见 ❽两 ❾现 ❿电 ⓫开 ⓬只 ⓭实 ⓮业 ⓯当 ⓰义 ⓱头 ⓲点 ⓳无 ⓴机 (3) ❶最后 ❷经营 ❸品种 ❹你们 ❺国家 ❻个人 ❼演说 ❽四时 ❾大学 ❿对立 (4) ❶낳을산, 产 ❷進, 进 ❸문문, 门 ❹從, 从 ❺볼견, 见

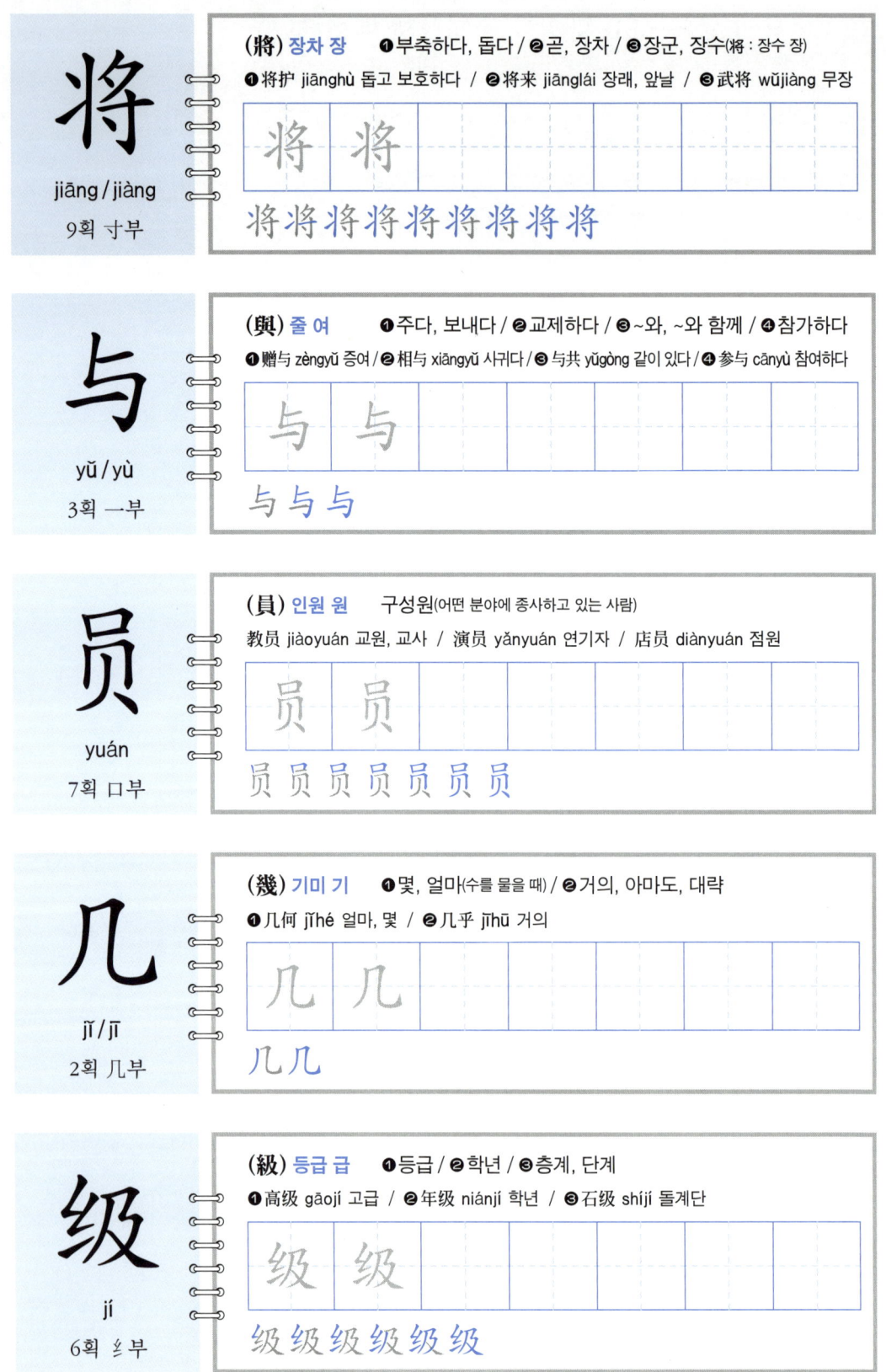

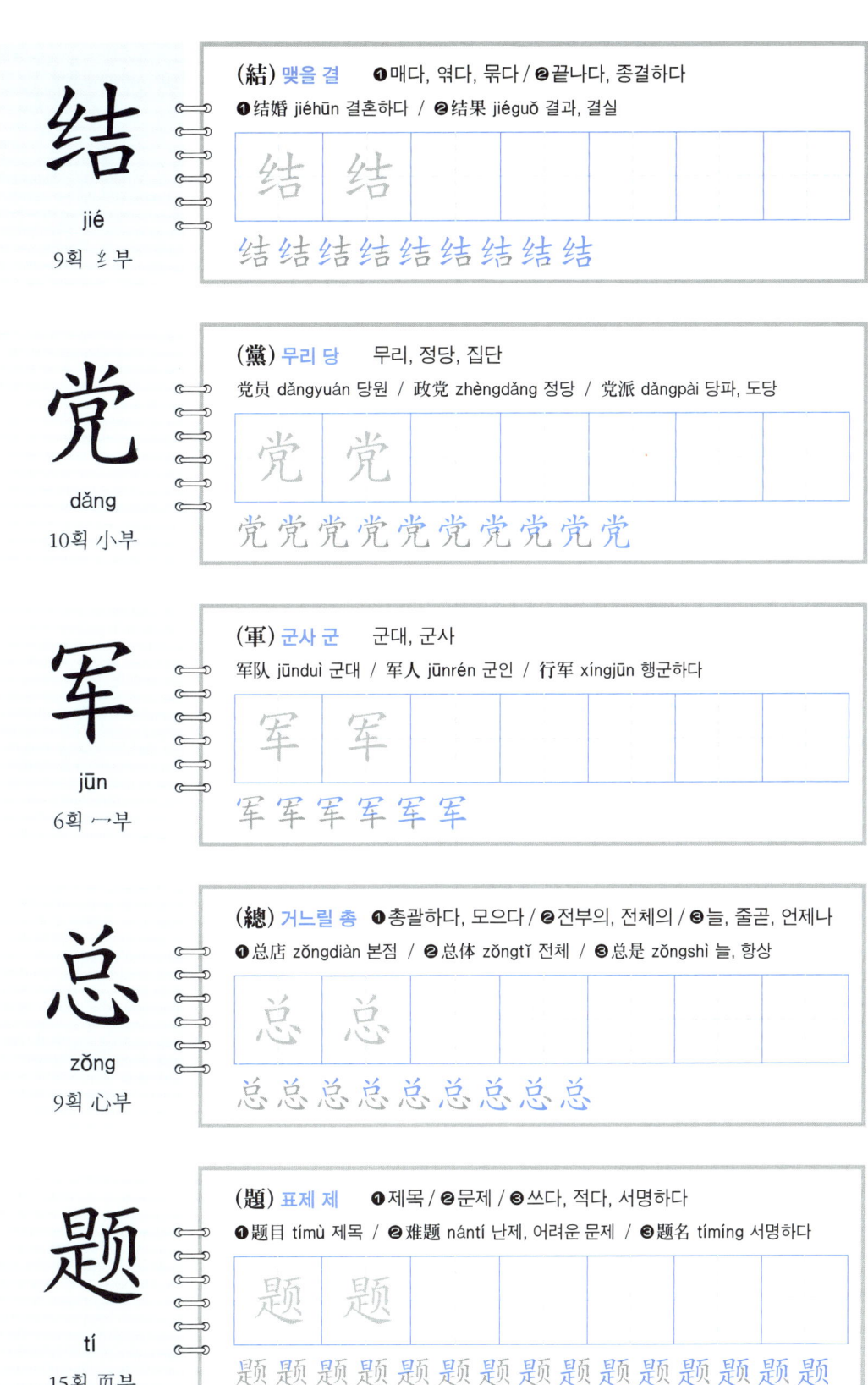

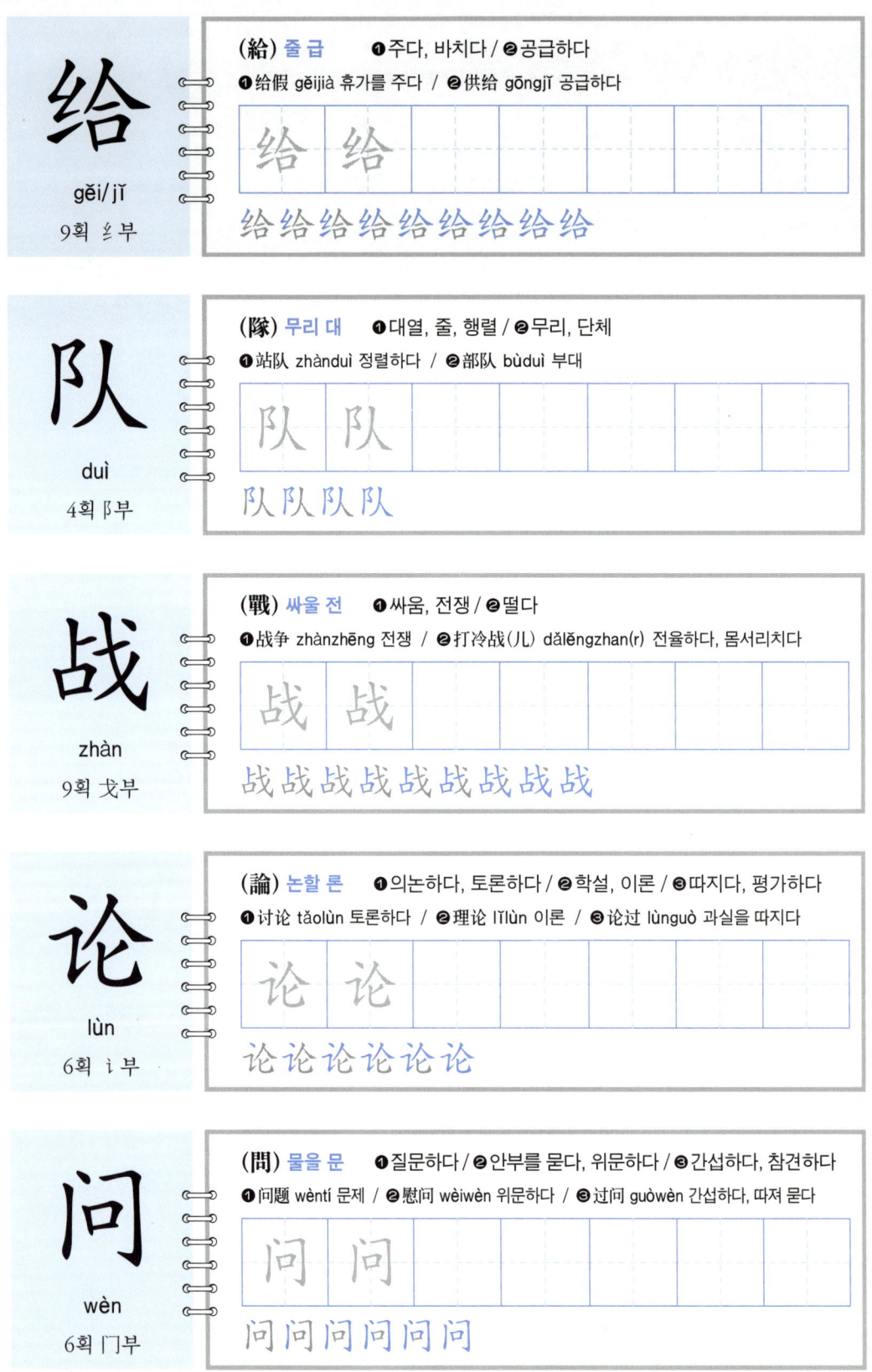

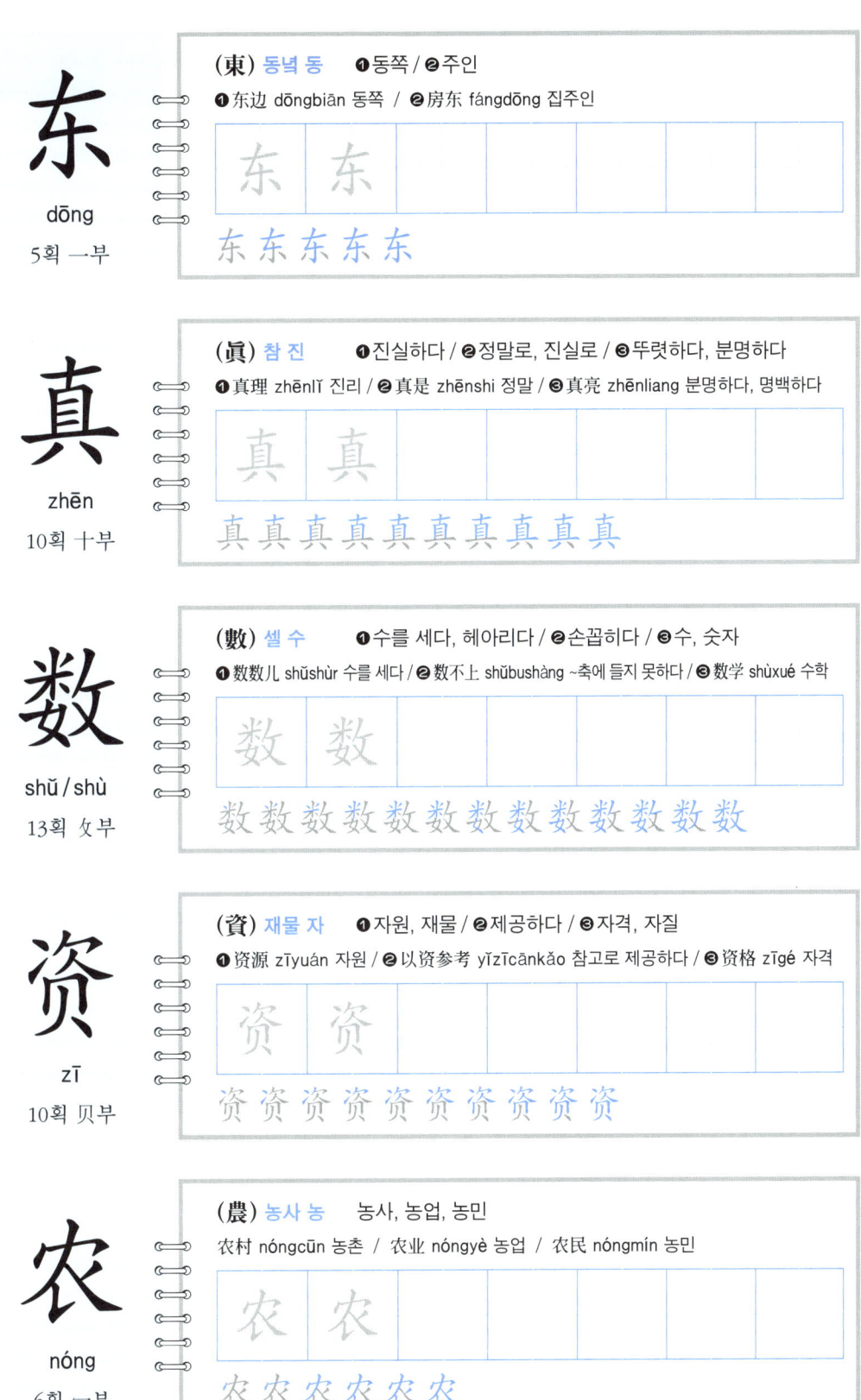

领 lǐng
11획 页부

(領) 거느릴 령 ❶목, 목덜미 / ❷통솔하다, 이끌다 / ❸영수하다, 수령하다

❶领带 lǐngdài 넥타이 / ❷领导 lǐngdǎo 영도하다 / ❸领到 lǐngdào 수령하다, 받다

领领领领领领领领领领领

联 lián
12획 耳부

(聯) 연할 련 연결하다, 연합하다, 합동하다

联系 liánxì 연계하다 / 联合 liánhé 연합하다 / 联盟 liánméng 연맹

联联联联联联联联联联联联

记 jì
5획 讠부

(記) 기록할 기 ❶기억하다, 암기하다 / ❷기록하다, 적다 / ❸책, 문장

❶记忆 jìyì 기억하다 / ❷记者 jìzhě 기자 / ❸日记 rìjì 일기

记记记记记

极 jí
7획 木부

(極) 다할 극 ❶정점, 절정 / ❷양극 / ❸매우, 아주, 극히

❶极度 jídù 극도로, 최대한도로 / ❷极板 jíbǎn 전극판 / ❸极其 jíqí 극히, 매우

极极极极极极极

质 zhì
8획 贝부

(質) 바탕 질 ❶성질, 본질, 품질 / ❷묻다, 문책하다 / ❸저당잡히다

❶性质 xìngzhì 성질, 성격 / ❷质问 zhìwèn 질문하다 / ❸质品 zhìpǐn 저당품

质质质质质质质质

✱ 다시 익혀 볼까요?

(1) 다음의 번체자를 간체자로 바꿔보세요.

❶ 將 → (   )   ❷ 與 → (   )   ❸ 員 → (   )

❹ 幾 → (   )   ❺ 級 → (   )   ❻ 結 → (   )

❼ 黨 → (   )   ❽ 軍 → (   )   ❾ 總 → (   )

❿ 題 → (   )   ⓫ 給 → (   )   ⓬ 隊 → (   )

⓭ 戰 → (   )   ⓮ 論 → (   )   ⓯ 數 → (   )

(2) 병음과 음, 뜻을 보고 간체자를 써보세요.

❶ dōng 동녘 동 (   ) 동쪽   ❷ zhēn 참 진 (   ) 진실, 진실하다

❸ wèn 물을 문 (   ) 질문하다   ❹ zī 재물 자 (   ) 재물, 자원

❺ nóng 농사 농 (   ) 농사, 농업   ❻ xiàn 실 선 (   ) 실, 선, 줄

❼ tiáo 가지 조 (   ) 가늘고 긴 나뭇가지   ❽ wàn 일만 만 (   ) 일만, 10000

❾ xì 이을 계 (   ) 계통, 계열   ❿ biān 가 변 (   ) 가장자리, 주변

⓫ jiē 층계 계 (   ) 층계, 계단, 등급   ⓬ bào 알릴 보 (   ) 알리다, 전하다

⓭ jué 결단할 결 (   ) 결정하다, 결심하다   ⓮ zhēng 다툴 쟁 (   ) 다투다, 경쟁하다

⓯ shēng 소리 성 (   ) 소리, 음성   ⓰ tīng 들을 청 (   ) 듣다, 따르다

⓱ yùn 옮길 운 (   ) 운송하다, 운반하다   ⓲ huá 화려할 화 (   ) 화려하다, 중국

⓳ qū 지경 구 (   ) 구별, 지역, 지대   ⓴ jì 건널 제 (   ) (강을) 건너다, 구제하다

(3) 병음과 뜻을 보고 단어를 완성해서 써보세요.

❶ shūdiàn	서점				
❷ mǎchē	마차				
❸ zǔzhī	조직, 조직하다				
❹ yìlùn	의논, 의논하다				
❺ chēzhàn	정류장, 역				
❻ hébìng	합병, 합병하다				
❼ shèjì	설계, 설계하다				
❽ zhèngzhí	정직, 정직하다				
❾ zànxǔ	칭찬하다				
❿ rènwù	임무				

(4) 다음의 빈칸을 완성해 보세요.

❶ lǐng		領		통솔하다, 이끌다
❷ lián	연할 련			연결하다, 연합하다
❸ jì		記		기록하다, 기억하다
❹ jí	다할 극			정점, 절정, 양극
❺ zhì			质	성질, 본질, 품질

정답 (1) ❶将 ❷与 ❸员 ❹几 ❺级 ❻结 ❼党 ❽军 ❾总 ❿题 ⓫给 ⓬队 ⓭战 ⓮论 ⓯数 (2) ❶东 ❷真 ❸问 ❹资 ❺农 ❻线 ❼条 ❽万 ❾系 ❿边 ⓫阶 ⓬报 ⓭决 ⓮争 ⓯声 ⓰听 ⓱运 ⓲华 ⓳区 ⓴济 (3) ❶书店 ❷马车 ❸组织 ❹议论 ❺车站 ❻合并 ❼设计 ❽正直 ❾赞许 ❿任务 (4) ❶거느릴 령, 领 ❷聯, 联 ❸기록할 기, 记 ❹極, 极 ❺바탕 질, 質

帮 bāng 9획 巾부

(幇) 도울 방 ❶돕다, 거들어주다 / ❷물체의 표면, 가장자리 / ❸집단, 무리
❶帮助 bāngzhù 도와주다 / ❷床帮 chuángbāng 침대 가장자리 / ❸结帮 jiébāng 파벌을 만들다

帮 帮 帮 帮 帮 帮 帮 帮 帮

导 dǎo 6획 寸부

(導) 이끌 도 ❶인도하다, 이끌다 / ❷지도하다 / ❸(영화, 연극 등을) 연출하다
❶领导 lǐngdǎo 영도하다 / ❷导师 dǎoshī 지도교사 / ❸导演 dǎoyǎn 연출하다

导 导 导 导 导 导

难 nán/nàn 10획 又부

(難) 어려울 난 ❶어렵다, 곤란하다 / ❷좋지 않다, 나쁘다 / ❸재난, 불행
❶困难 kùnnán 곤란하다 / ❷难听 nántīng 듣기 싫다 / ❸灾难 zāinàn 재난

难 难 难 难 难 难 难 难 难

深 shēn 11획 氵부

(深) 깊을 심 ❶깊다, 깊숙하다 / ❷진하다, 짙다 / ❸오래되다, 늦다
❶深远 shēnyuǎn 깊고 크다 / ❷深色 shēnsè 짙은 색 / ❸深秋 shēnqiū 늦가을

深 深 深 深 深 深 深 深 深 深 深

统 tǒng 9획 纟부

(統) 거느릴 통 ❶계통 / ❷거느리다, 관할하다 / ❸종합하다, 합산하다
❶传统 chuántǒng 전통 / ❷统治 tǒngzhì 통치하다 / ❸统计 tǒngjì 합산하다

统 统 统 统 统 统 统 统 统

处 chù/chǔ 5획 夂부

(處) 곳 처　❶곳, 장소 / ❷거주하다 / ❸처리하다 / ❹(어떤 상황에) 처하다
❶别处 biéchù 다른 곳 / ❷共处 gòngchǔ 공존하다 / ❸处理 chǔlǐ 처리하다 / ❹处死 chǔsǐ 사형에 처하다

处处处处处

认 rèn 4획 讠부

(認) 알 인　❶알다, 인식하다 / ❷동의하다, 인정하다 / ❸감내하다
❶认出 rènchū 식별하다 / ❷否认 fǒurèn 부인하다 / ❸认苦子 rènkǔzi 고통을 감수하다

认认认认

图 tú 8획 囗부

(圖) 그림 도　❶그림, 도표 / ❷계획하다, 도모하다 / ❸의도, 계획
❶地图 dìtú 지도 / ❷企图 qǐtú 꾀하다 / ❸意图 yìtú 의도

图图图图图图图图

则 zé 6획 贝부

(則) 법칙 칙　❶규범, 규칙 / ❷본받다, 따르다 / ❸조항, 토막
❶原则 yuánzé 원칙 / ❷则效 zéxiào 본받다 / ❸一则 yīzé 한 토막

则则则则则则

劳 láo 7획 力부

(勞) 수고할 로　❶일하다, 노동하다 / ❷폐를 끼치다 / ❸피로하다 / ❹공로
❶劳动 láodòng 노동 / ❷劳烦 láofán 폐를 끼치다 / ❸劳瘁 láocuì 피로하다 / ❹功劳 gōngláo 공로

劳劳劳劳劳劳劳

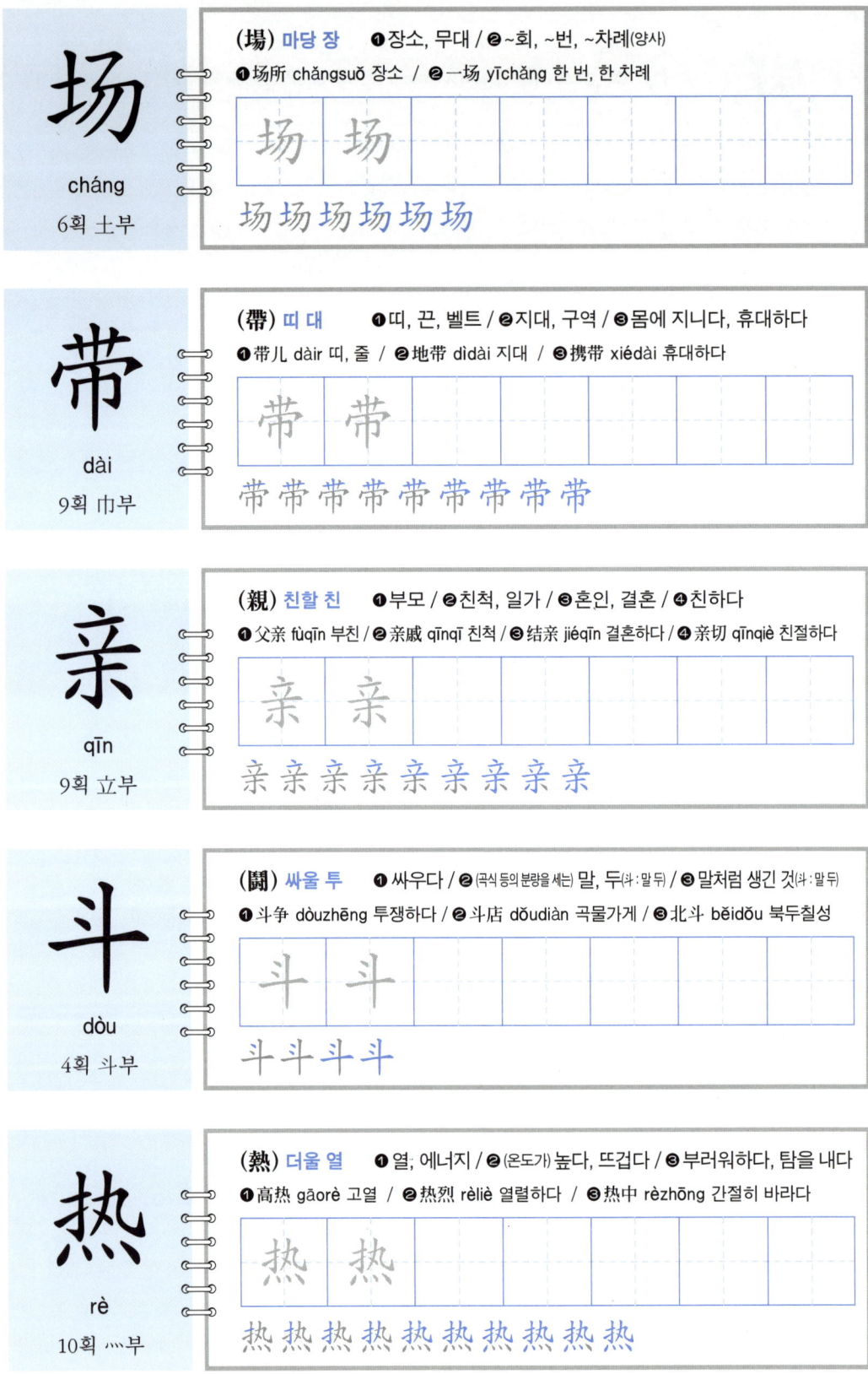

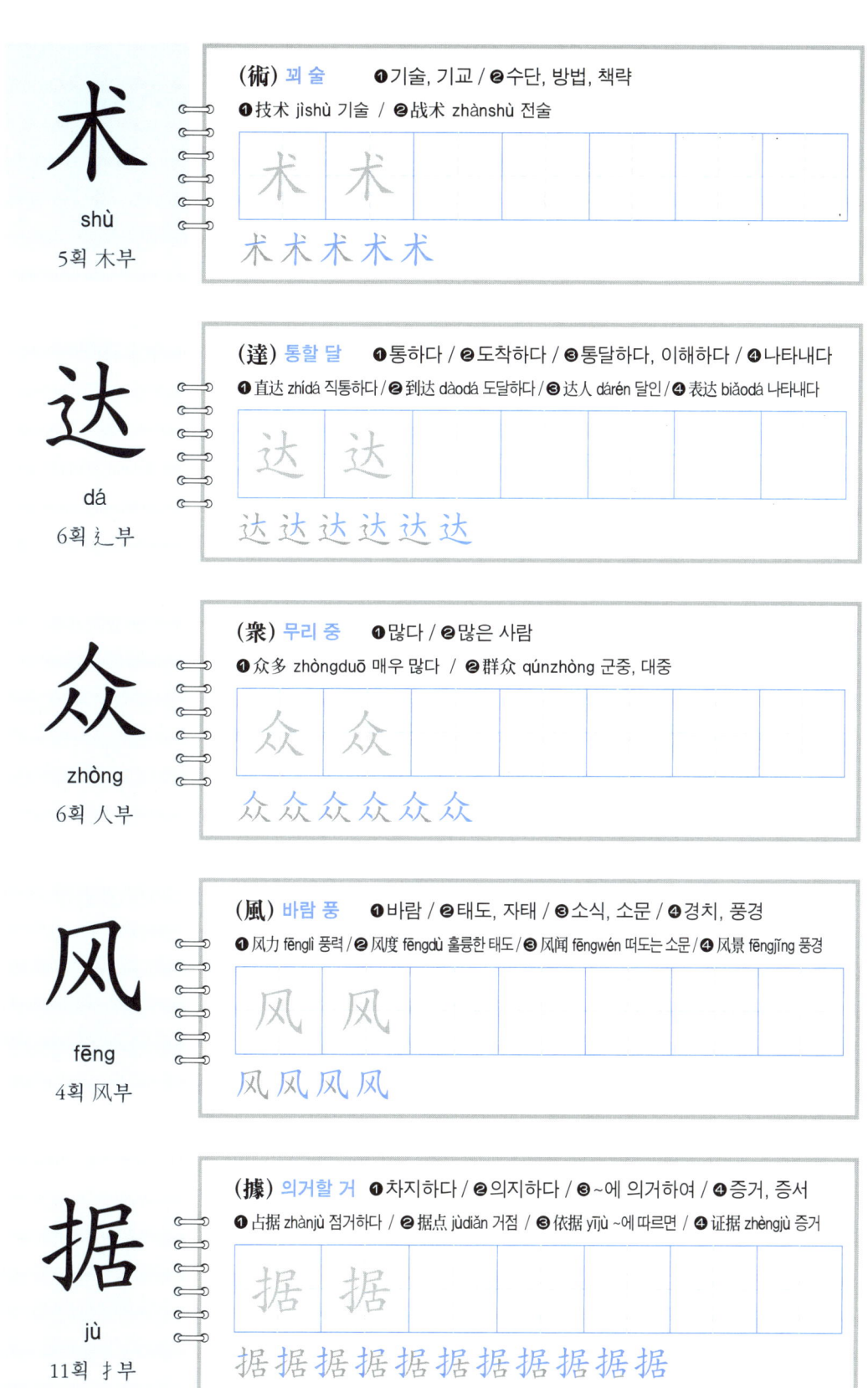

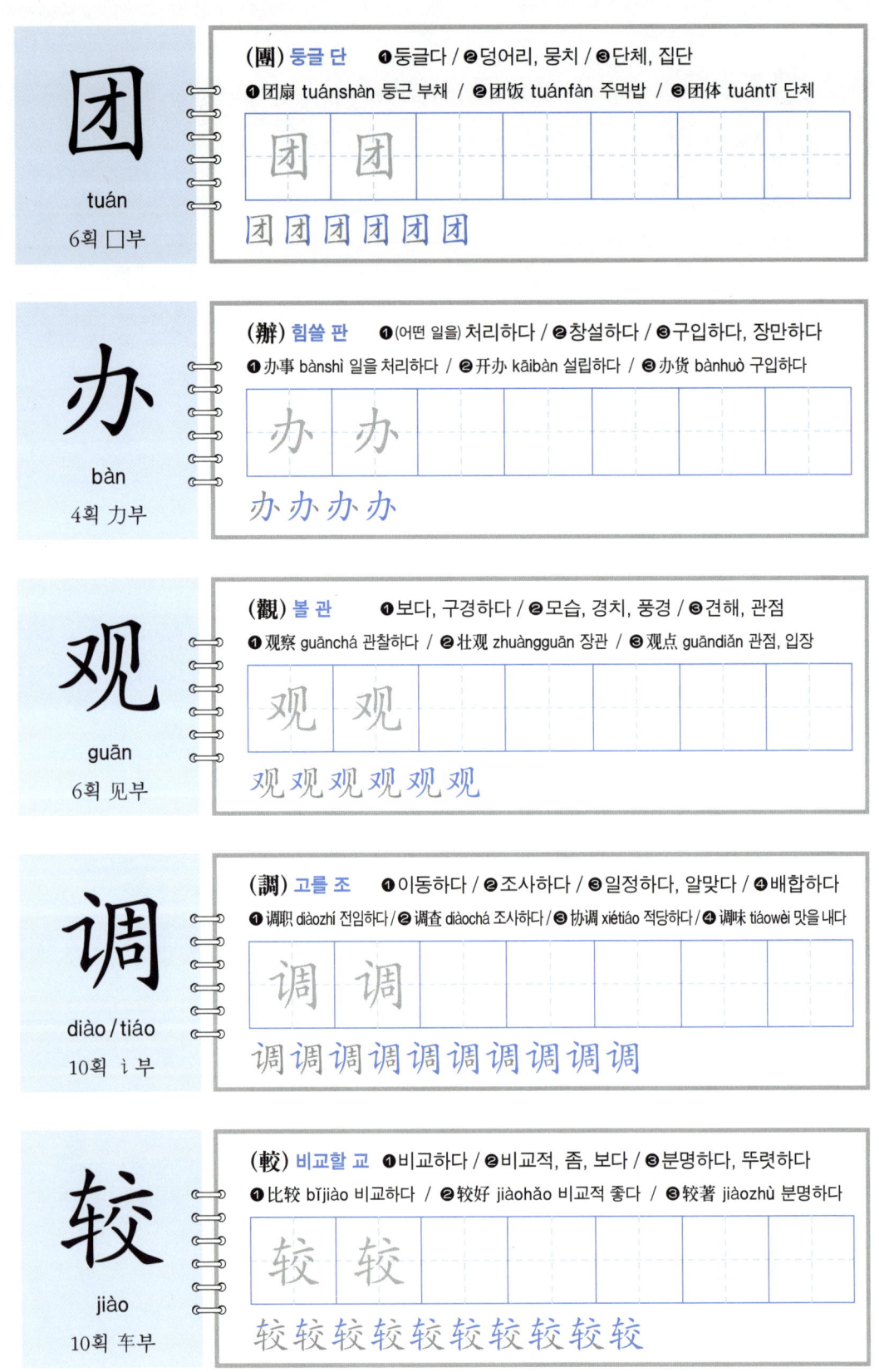

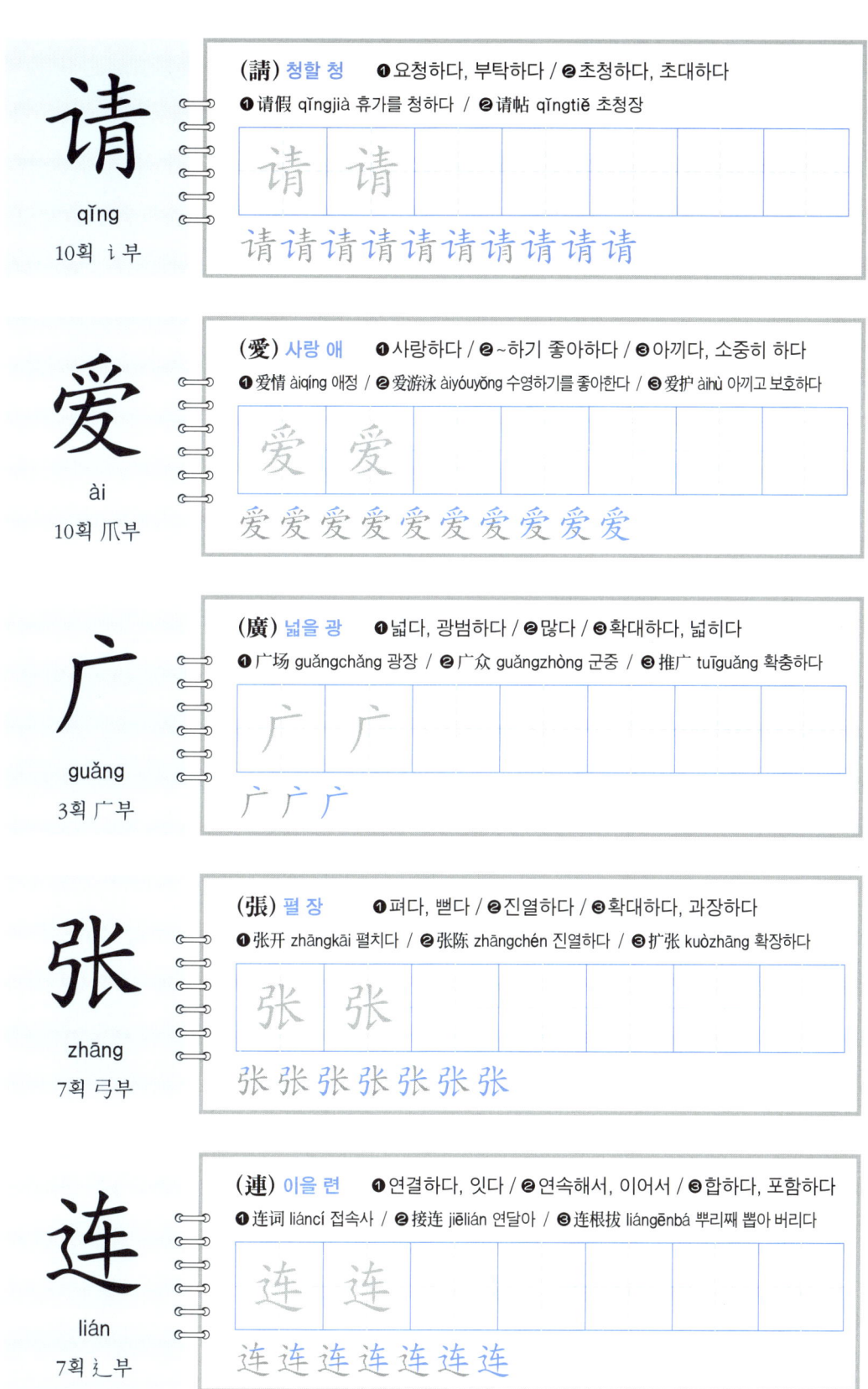

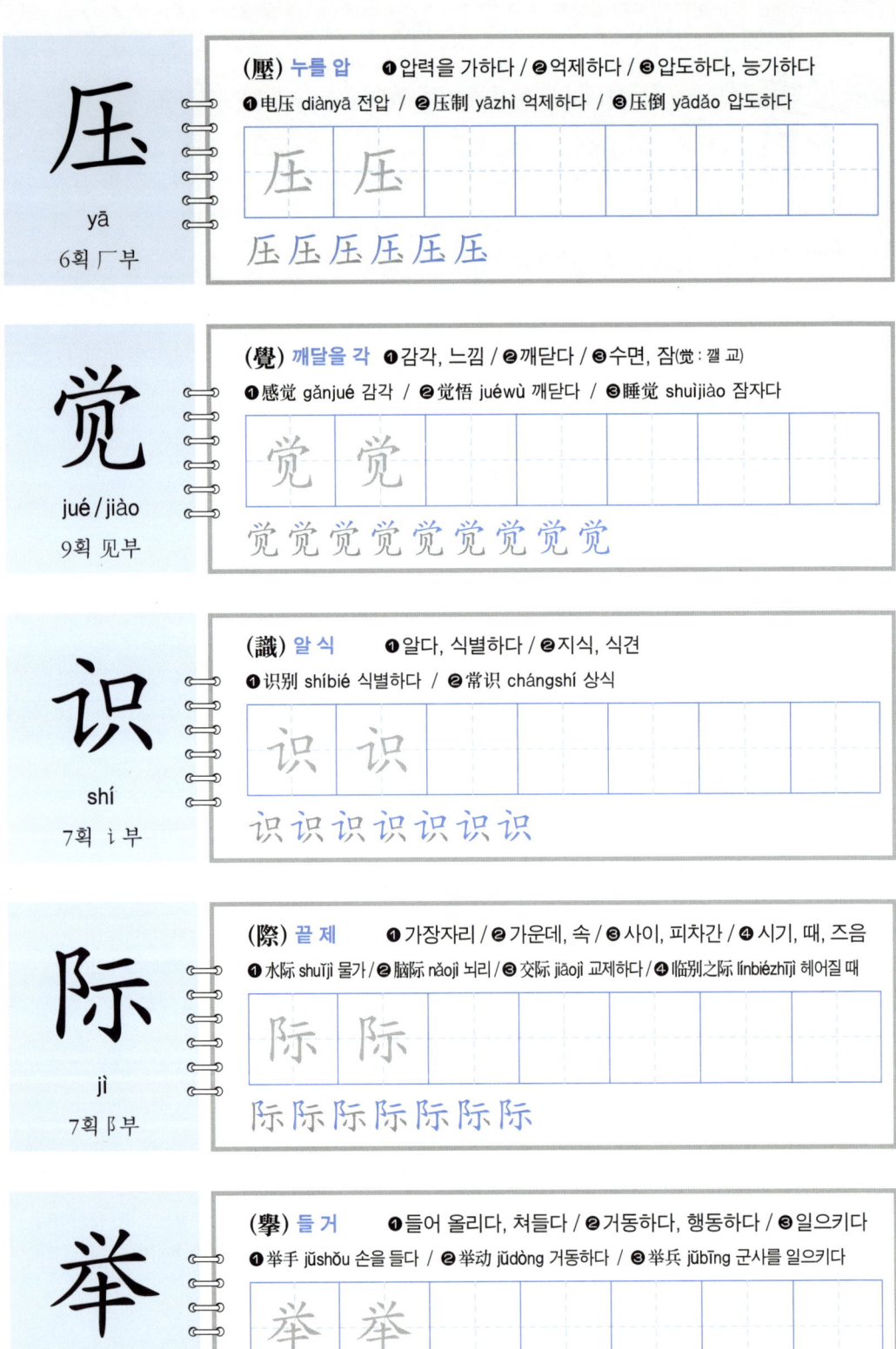

师 shī
6획 丿부

(師) 스승 사 ❶스승, 선생 / ❷본보기, 모범 / ❸~사, ~가(전문인을 이르는 말)
❶老师 lǎoshī 선생님(교사) / ❷师法 shīfǎ 모범으로 삼다 / ❸厨师 chúshī 요리사

师师师师师师

装 zhuāng
12획 衣부

(裝) 꾸밀 장 ❶꾸미다 / ❷옷차림 / ❸숨기다, 가장하다 / ❹장치하다, 달다
❶包装 bāozhuāng 포장 / ❷服装 fúzhuāng 복장 / ❸乔装 qiáozhuāng 가장하다 / ❹安装 ānzhuāng 설치하다

装装装装装装装装装装装装

该 gāi
8획 讠부

(該) 갖출 해 ❶~해야 한다 / ❷~의 차례다 / ❸빚지다
❶应该 yīnggāi ~해야 한다 / ❷该我了 gāiwǒle 내 차례다 / ❸该钱 gāiqián 빚지다

该该该该该该该该

约 yuē
6획 纟부

(約) 묶을 약 ❶약속하다 / ❷초청하다 / ❸절약하다 / ❹대강, 개략, 대충
❶约定 yuēdìng 약정하다 / ❷约请 yuēqǐng 초청하다 / ❸节约 jiéyuē 절약하다 / ❹大约 dàyuē 대략

约约约约约约

号 hào
5획 口부

(號) 이름 호 ❶이름, 명칭 / ❷상점 / ❸표시, 부호 / ❹순번, 번호
❶称号 chēnghào 칭호 / ❷商号 shānghào 상점 / ❸暗号 ànhào 암호 / ❹号码(儿) hàomǎ(r) 번호

号号号号号

转 zhuǎn/zhuàn 8획 车부

(轉) 구를 전 ❶바꾸다, 전환하다 / ❷전하다, 송달하다 / ❸회전하다
❶转化 zhuǎnhuà 바꾸다 / ❷转达 zhuǎndá 전달하다 / ❸转门 zhuànmén 회전문

转 转 转 转 转 转 转 转

须 xū 9획 彡부

(須) 모름지기 수 ❶반드시 ~해야 한다 / ❷수염(번체 鬚: 수염 수)
❶必须 bìxū 반드시, 꼭 / ❷须眉 xūméi 수염과 눈썹

须 须 须 须 须 须 须 须 须

习 xí 3획 →부

(習) 익힐 습 ❶습관, 풍습 / ❷연습하다, 배우다 / ❸익숙하다 / ❹늘, 항상
❶习惯 xíguàn 습관 / ❷练习 liànxí 연습하다 / ❸熟习 shúxí 숙련되다 / ❹习闻 xíwén 익히 듣다

习 习 习

规 guī 8획 见부

(規) 법 규 ❶규칙, 규정 / ❷규모 / ❸충고하다 / ❹계획하다, 꾀하다
❶规定 guīdìng 규정 / ❷规模 guīmó 규모 / ❸规劝 guīquàn 충고하다 / ❹规谋 guīmóu 책략을 꾸미다

规 规 规 规 规 规 规 规

验 yàn 10획 马부

(驗) 증험할 험 ❶검증하다, 조사하다 / ❷효과가 있다 / ❸효과, 효력
❶体验 tǐyàn 경험하다 / ❷灵验 língyàn 영험하다 / ❸效验 xiàoyàn 효험, 효과

验 验 验 验 验 验 验 验 验 验

✲ 다시 익혀 볼까요?

(1) 다음의 번체자를 간체자로 바꿔보세요.

❶ 幫 →(　　) ❷ 導 →(　　) ❸ 難 →(　　)

❹ 深 →(　　) ❺ 統 →(　　) ❻ 處 →(　　)

❼ 認 →(　　) ❽ 圖 →(　　) ❾ 則 →(　　)

❿ 勞 →(　　) ⓫ 場 →(　　) ⓬ 帶 →(　　)

⓭ 親 →(　　) ⓮ 鬪 →(　　) ⓯ 熱 →(　　)

(2) 병음과 음, 뜻을 보고 간체자를 써보세요.

❶ shù 꾀 술 (　　) 기술, 기교, 수단　　❷ dá 통할 달 (　　) 통하다, 통달하다

❸ zhòng 무리 중 (　　) 무리, 대중　　❹ fēng 바람 풍 (　　) 바람, 소문, 풍경

❺ jù 의거할 거 (　　) ~에 의거하여　　❻ tuán 둥글 단 (　　) 둥글다, 덩어리

❼ bàn 힘쓸 판 (　　) 처리하다, 창설하다　　❽ guān 볼 관 (　　) 보다, 구경하다

❾ diào 고를 조 (　　) 이동하다, 조사하다　　❿ jiào 비교할 교 (　　) 비교하다

⓫ qǐng 청할 청 (　　) 요청하다, 초대하다　　⓬ ài 사랑 애 (　　) 사랑하다, 아끼다

⓭ guǎng 넓을 광 (　　) 넓다, 넓히다　　⓮ zhāng 펼 장 (　　) 펴다, 진열하다

⓯ lián 이을 련 (　　) 연결하다, 잇다　　⓰ yā 누를 압 (　　) 압력을 가하다

⓱ jué 깨달을 각 (　　) 깨닫다, 감각, 느낌　　⓲ shí 알 식 (　　) 알다, 식별하다

⓳ jì 끝 제 (　　) 가장자리, 끝　　⓴ jǔ 들 거 (　　) 들어 올리다, 일으키다

(3) 병음과 뜻을 보고 단어를 완성해서 써보세요.

❶ jíwèi	즉위, 즉위하다			
❷ zhuānmài	전매, 전매하다			
❸ lèibié	분류, 분류하다			
❹ dāndú	단독, 단독으로			
❺ quánlì	권리			
❻ lǎoshī	선생님, 교사			
❼ bāozhuāng	포장, 포장하다			
❽ yīnggāi	응당 ~해야 한다			
❾ jiéyuē	절약, 절약하다			
❿ chēnghào	칭호, 호칭			

(4) 다음의 빈칸을 완성해 보세요.

❶ zhuǎn		轉		바꾸다, 전환하다
❷ xū	모름지기 수			반드시 ~해야 한다
❸ xí		習		배우다, 습관
❹ guī	법 규			규칙, 규정
❺ yàn			驗	검증하다, 조사하다

정답 (1) ❶帮 ❷导 ❸难 ❹深 ❺统 ❻处 ❼认 ❽图 ❾则 ❿劳 ⓫场 ⓬带 ⓭亲 ⓮斗 ⓯热 (2) ❶术 ❷达 ❸众 ❹风 ❺据 ❻团 ❼办 ❽观 ❾调 ❿较 ⓫请 ⓬爱 ⓭广 ⓮张 ⓯连 ⓰压 ⓱觉 ⓲识 ⓳际 ⓴举 (3) ❶即位 ❷专卖 ❸类别 ❹单独 ❺权利 ❻老师 ❼包装 ❽该当 ❾节约 ❿称号 (4) ❶구를 전, 转 ❷须, 须 ❸익힐 습, 习 ❹规, 规 ❺증험할 험, 驗

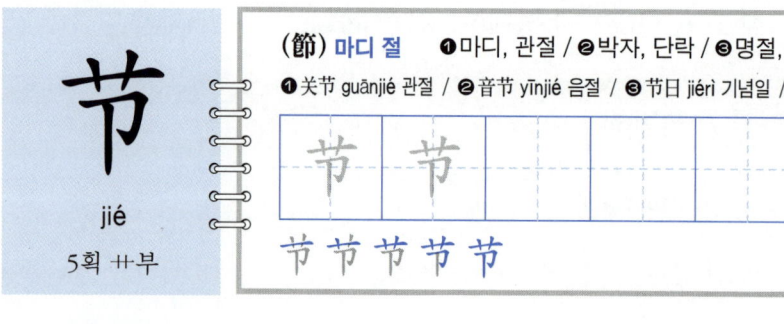

(節) 마디 절 ❶마디, 관절 / ❷박자, 단락 / ❸명절, 절기 / ❹절약하다
❶关节 guānjié 관절 / ❷音节 yīnjié 음절 / ❸节日 jiérì 기념일 / ❹节约 jiéyuē 절약하다

节节节节节

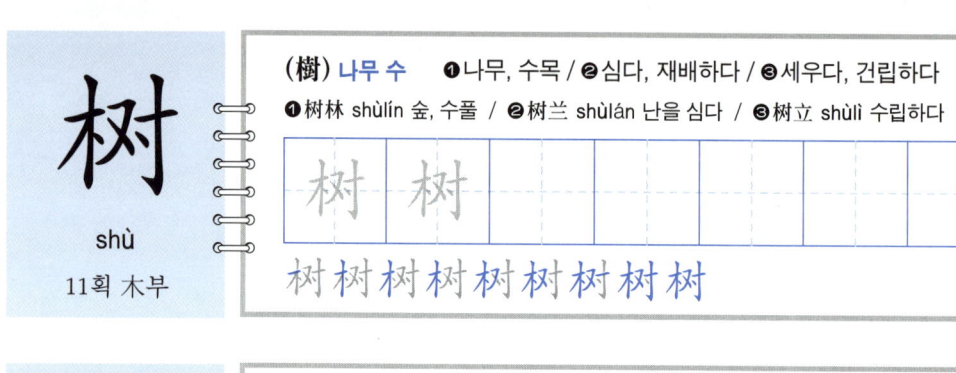

(樹) 나무 수 ❶나무, 수목 / ❷심다, 재배하다 / ❸세우다, 건립하다
❶树林 shùlín 숲, 수풀 / ❷树兰 shùlán 난을 심다 / ❸树立 shùlì 수립하다

树树树树树树树树树

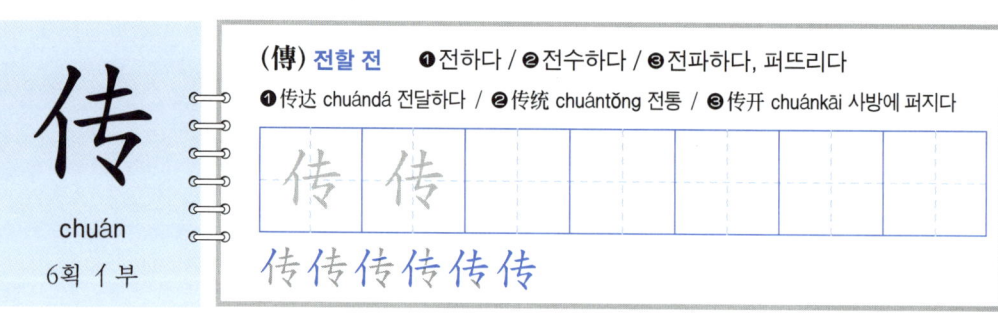

(傳) 전할 전 ❶전하다 / ❷전수하다 / ❸전파하다, 퍼뜨리다
❶传达 chuándá 전달하다 / ❷传统 chuántǒng 전통 / ❸传开 chuánkāi 사방에 퍼지다

传传传传传传

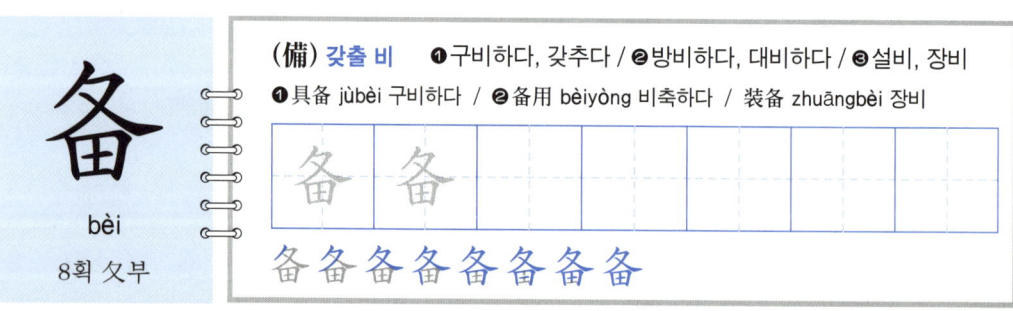

(備) 갖출 비 ❶구비하다, 갖추다 / ❷방비하다, 대비하다 / ❸설비, 장비
❶具备 jùbèi 구비하다 / ❷备用 bèiyòng 비축하다 / 装备 zhuāngbèi 장비

备备备备备备备备

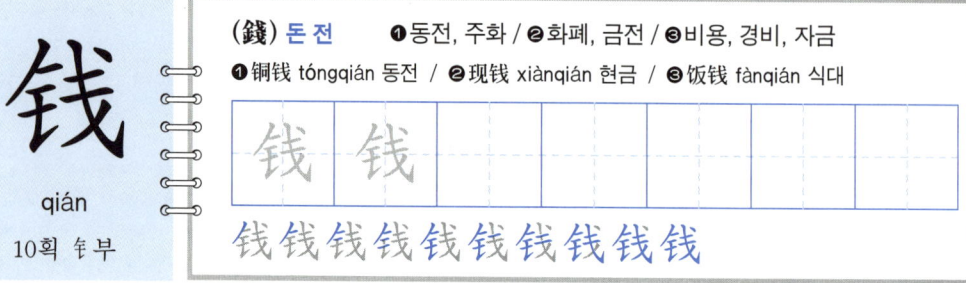

(錢) 돈 전 ❶동전, 주화 / ❷화폐, 금전 / ❸비용, 경비, 자금
❶铜钱 tóngqián 동전 / ❷现钱 xiànqián 현금 / ❸饭钱 fànqián 식대

钱钱钱钱钱钱钱钱钱钱

讲
jiǎng 6획 讠부

(講) 이야기할 강 ❶얘기하다 / ❷해설하다, 설명하다 / ❸상의하다, 의논하다
❶讲话 jiǎnghuà 말하다 / ❷讲解 jiǎngjiě 설명하다 / ❸讲定 jiǎngdìng 의논하여 정하다

参
cān 8획 厶부

(參) 참가할 참 ❶가입하다, 참여하다 / ❷참고하다 / ❸배알하다, 뵙다
❶参加 cānjiā 참가하다 / ❷参考 cānkǎo 참고하다 / ❸参谒 cānyè 배알하다

织
zhī 8획 纟부

(織) 짤 직 ❶방직하다, 짜다 / ❷결합하다, 조성하다
❶纺织 fǎngzhī 방직하다 / ❷组织 zǔzhī 조직하다

谈
tán 10획 讠부

(談) 이야기 담 말하다, 이야기하다, 말, 담화
会谈 huìtán 회담하다 / 座谈 zuòtán 좌담하다 / 美谈 měitán 미담

积
jī 10획 禾부

(積) 쌓을 적 ❶축적하다 / ❷오랜 기간 누적된, 오래된 / ❸승적(수학의 명칭)
❶积蓄 jīxù 저축하다 / ❷积习 jīxí 오랜 습관 / ❸面积 miànjī 면적

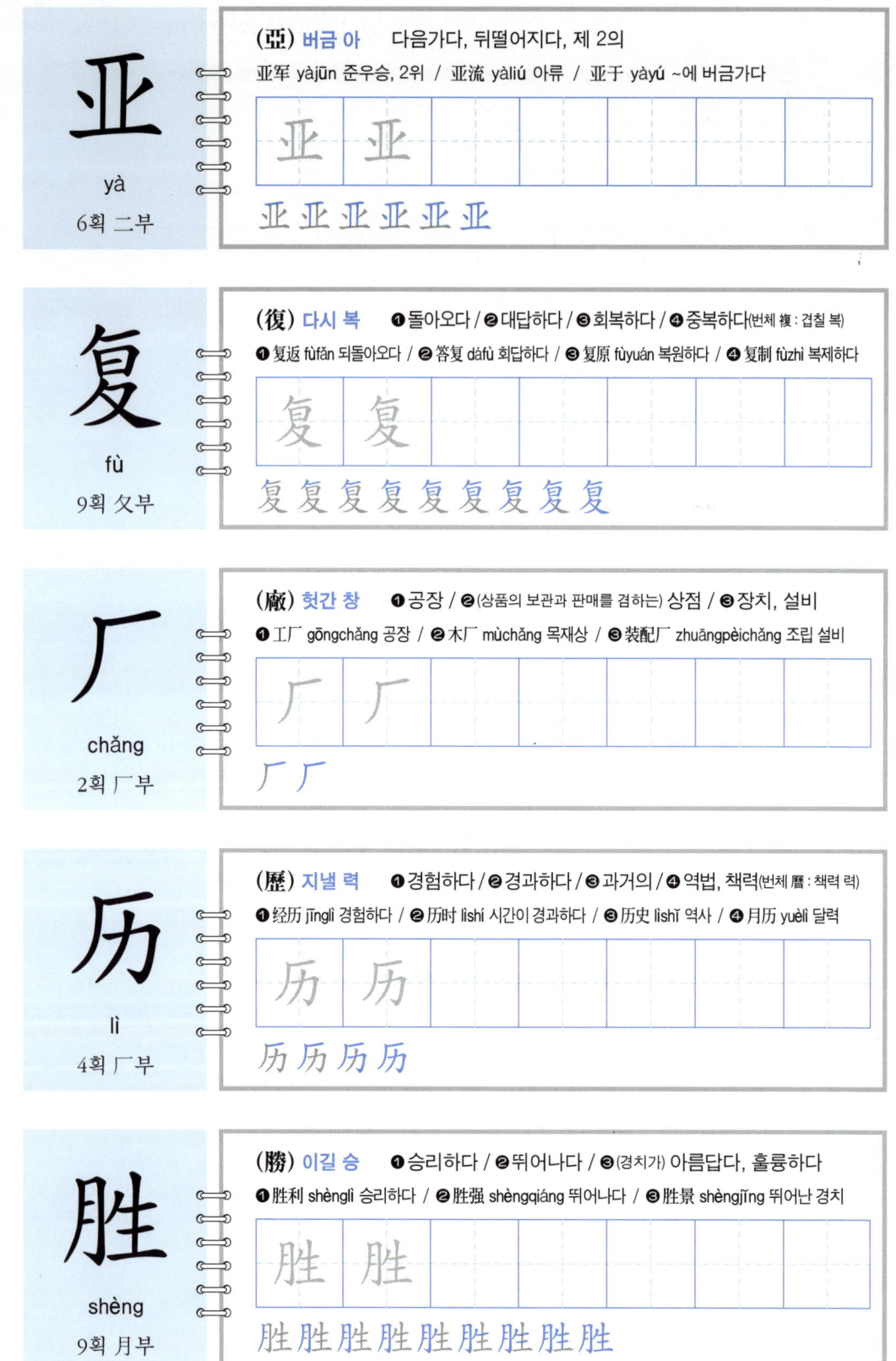

亚 yà (6획 二부)

(亞) 버금 아 다음가다, 뒤떨어지다, 제 2의
亚军 yàjūn 준우승, 2위 / 亚流 yàliú 아류 / 亚于 yàyú ~에 버금가다

亚亚亚亚亚亚

复 fù (9획 夂부)

(復) 다시 복 ❶돌아오다 / ❷대답하다 / ❸회복하다 / ❹중복하다(번체 複: 겹칠 복)
❶复返 fùfǎn 되돌아오다 / ❷答复 dáfù 회답하다 / ❸复原 fùyuán 복원하다 / ❹复制 fùzhì 복제하다

复复复复复复复复复

厂 chǎng (2획 厂부)

(廠) 헛간 창 ❶공장 / ❷(상품의 보관과 판매를 겸하는) 상점 / ❸장치, 설비
❶工厂 gōngchǎng 공장 / ❷木厂 mùchǎng 목재상 / ❸装配厂 zhuāngpèichǎng 조립 설비

厂厂

历 lì (4획 厂부)

(歷) 지낼 력 ❶경험하다 / ❷경과하다 / ❸과거의 / ❹역법, 책력(번체 曆: 책력 력)
❶经历 jīnglì 경험하다 / ❷历时 lìshí 시간이 경과하다 / ❸历史 lìshǐ 역사 / ❹月历 yuèlì 달력

历历历历

胜 shèng (9획 月부)

(勝) 이길 승 ❶승리하다 / ❷뛰어나다 / ❸(경치가) 아름답다, 훌륭하다
❶胜利 shènglì 승리하다 / ❷胜强 shèngqiáng 뛰어나다 / ❸胜景 shèngjǐng 뛰어난 경치

胜胜胜胜胜胜胜胜胜

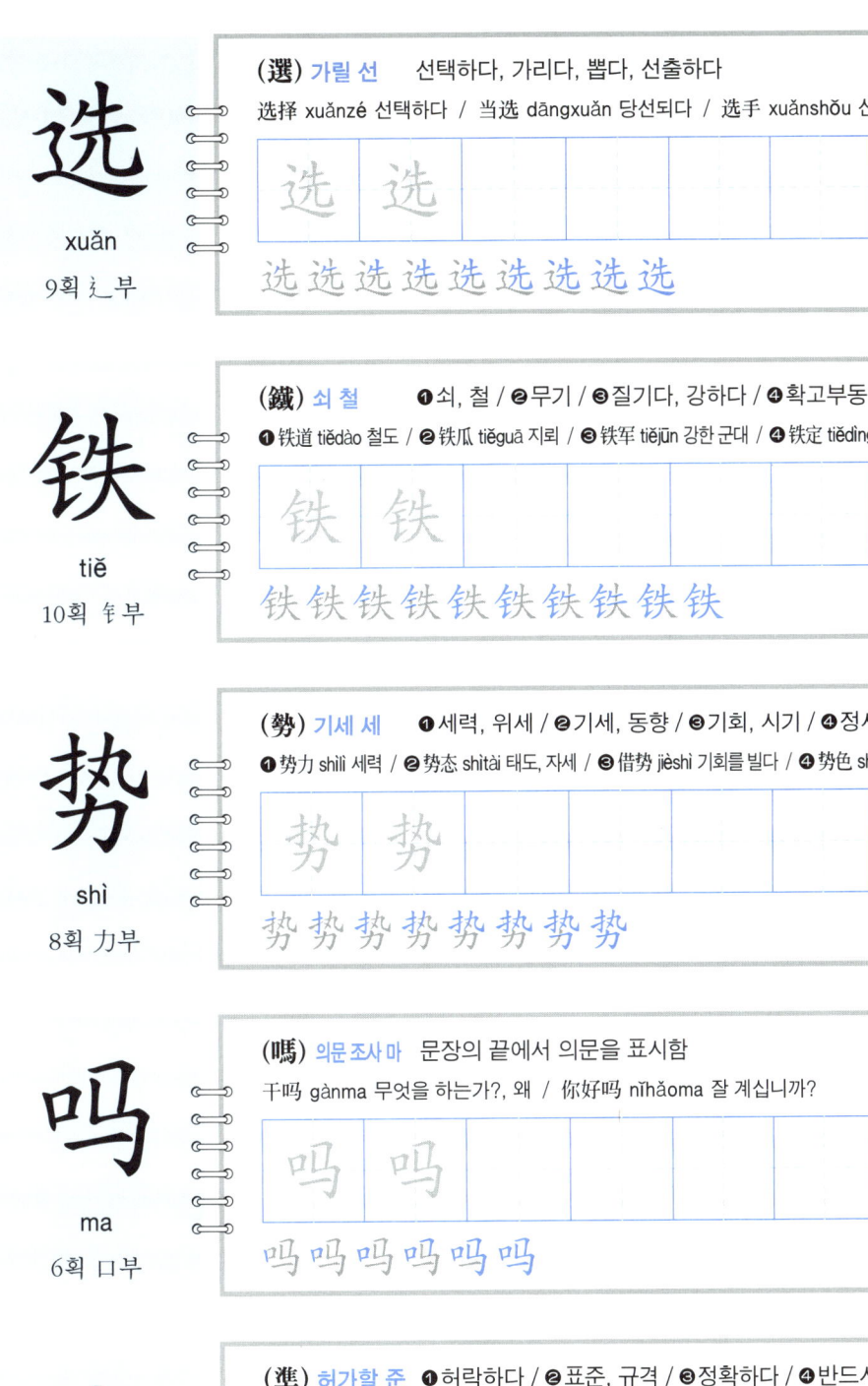

选 xuǎn — 9획 辶부
(選) 가릴 선　선택하다, 가리다, 뽑다, 선출하다
选择 xuǎnzé 선택하다 / 当选 dāngxuǎn 당선되다 / 选手 xuǎnshǒu 선수

铁 tiě — 10획 钅부
(鐵) 쇠 철　❶쇠, 철 / ❷무기 / ❸질기다, 강하다 / ❹확고부동하다
❶铁道 tiědào 철도 / ❷铁瓜 tiěguā 지뢰 / ❸铁军 tiějūn 강한 군대 / ❹铁定 tiědìng 확정하다

势 shì — 8획 力부
(勢) 기세 세　❶세력, 위세 / ❷기세, 동향 / ❸기회, 시기 / ❹정세, 상황
❶势力 shìlì 세력 / ❷势态 shìtài 태도, 자세 / ❸借势 jièshì 기회를 빌다 / ❹势色 shìsè 형세

吗 ma — 6획 口부
(嗎) 의문조사 마　문장의 끝에서 의문을 표시함
干吗 gànma 무엇을 하는가?, 왜 / 你好吗 nǐhǎoma 잘 계십니까?

准 zhǔn — 10획 冫부
(準) 허가할 준　❶허락하다 / ❷표준, 규격 / ❸정확하다 / ❹반드시, 꼭
❶准许 zhǔnxǔ 허락하다 / ❷标准 biāozhǔn 표준 / ❸准确 zhǔnquè 정확하다 / ❹准保 zhǔnbǎo 반드시

况 kuàng 7획 氵부

(況) 하물며 황 ❶모양, 상태 / ❷견주다, 비교하다 / ❸하물며, 더구나

❶情况 qíngkuàng 정황 / ❷以古近况 yǐgǔjìnkuàng 옛것을 현재에 비교하다 / ❸何况 hékuàng 하물며

况 况
况 况 况 况 况 况 况

断 duàn 11획 斤부

(斷) 끊을 단 ❶자르다, 끊다 / ❷결정하다, 판단하다 / ❸결코, 절대로

❶断绝 duànjué 단절하다 / ❷诊断 zhěnduàn 진단하다 / ❸断乎 duànhū 절대로

断 断
断断断断断断断断断断

离 lí 10획 亠부

(離) 떠날 리 ❶분리하다, 떠나다 / ❷(어떤 시간, 장소로부터) 떨어지다

❶分离 fēnlí 분리하다 / 距离 jùlí (~로부터) 떨어지다

离 离
离离离离离离离离离离

县 xiàn 7획 厶부

(縣) 고을 현 현(중국의 행정구역 단위로 省 밑에 속함)

县府 xiànfǔ 현의 정부 / 县界 xiànjiè 현의 경계

县 县
县县县县县县县

写 xiě 5획 冖부

(寫) 베낄 사 ❶(글씨를) 쓰다 / ❷글을 짓다 / ❸묘사하다 / ❹그림을 그리다

❶抄写 chāoxiě 베껴 쓰다 / ❷写作 xiězuò 저술하다 / ❸描写 miáoxiě 묘사 / ❹写形 xiěxíng 모습을 그리다

写 写
写写写写写

台
tái
5획 厶부

(臺) 대 대 ❶대, 무대 / ❷당신, 귀하 / ❸태풍(번체 颱 : 태풍 태)
❶后台 hòutái 무대 뒤 / ❷台端 táiduān 댁, 귀하 / ❸台风 táifēng 태풍

台 台

台 台 台 台 台

远
yuǎn
7획 辶부

(遠) 멀 원 ❶멀다, 아득하다 / ❷(차이가) 크다, 많다 / ❸멀리하다
❶遥远 yáoyuǎn 요원하다 / ❷差得远 chàdeyuǎn 차이가 크다 / ❸远离 yuǎnlí 멀리하다

远 远

远 远 远 远 远 远 远

确
què
12획 石부

(確) 굳을 확 ❶일치하다, 부합하다 / ❷확실히, 틀림없이 / ❸견고하다
❶确实 quèshí 확실하다 / ❷的确 díquè 확실히, 정말 / ❸确立 quèlì 확립하다

确 确

确 确 确 确 确 确 确 确 确 确

细
xì
8획 纟부

(細) 가늘 세 ❶가늘다, 좁다, 작다 / ❷정교하다, 세밀하다 / ❸사소하다
❶细长 xìcháng 가늘고 길다 / ❷详细 xiángxì 상세하다 / ❸细故 xìgù 사소한 일

细 细

细 细 细 细 细 细 细 细

标
biāo
9획 木부

(標) 표할 표 ❶말단, 표면 / ❷표지, 기호 / ❸표준, 기준 / ❹표시하다
❶本标 běnbiāo 근본과 지엽 / ❷商标 shāngbiāo 상표 / ❸标准 biāozhǔn 표준 / ❹标示 biāoshì 표시하다

标 标

标 标 标 标 标 标 标 标 标

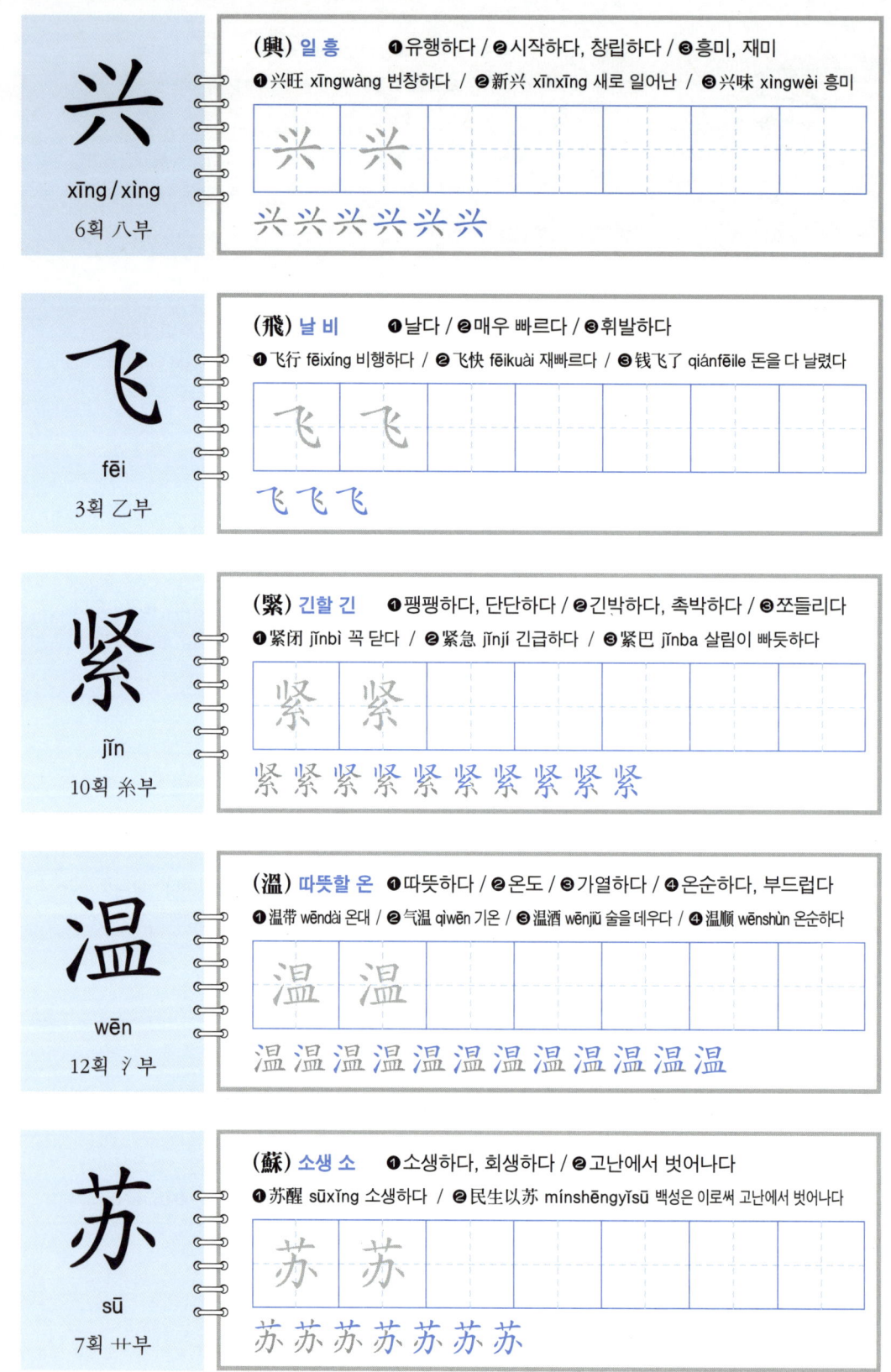

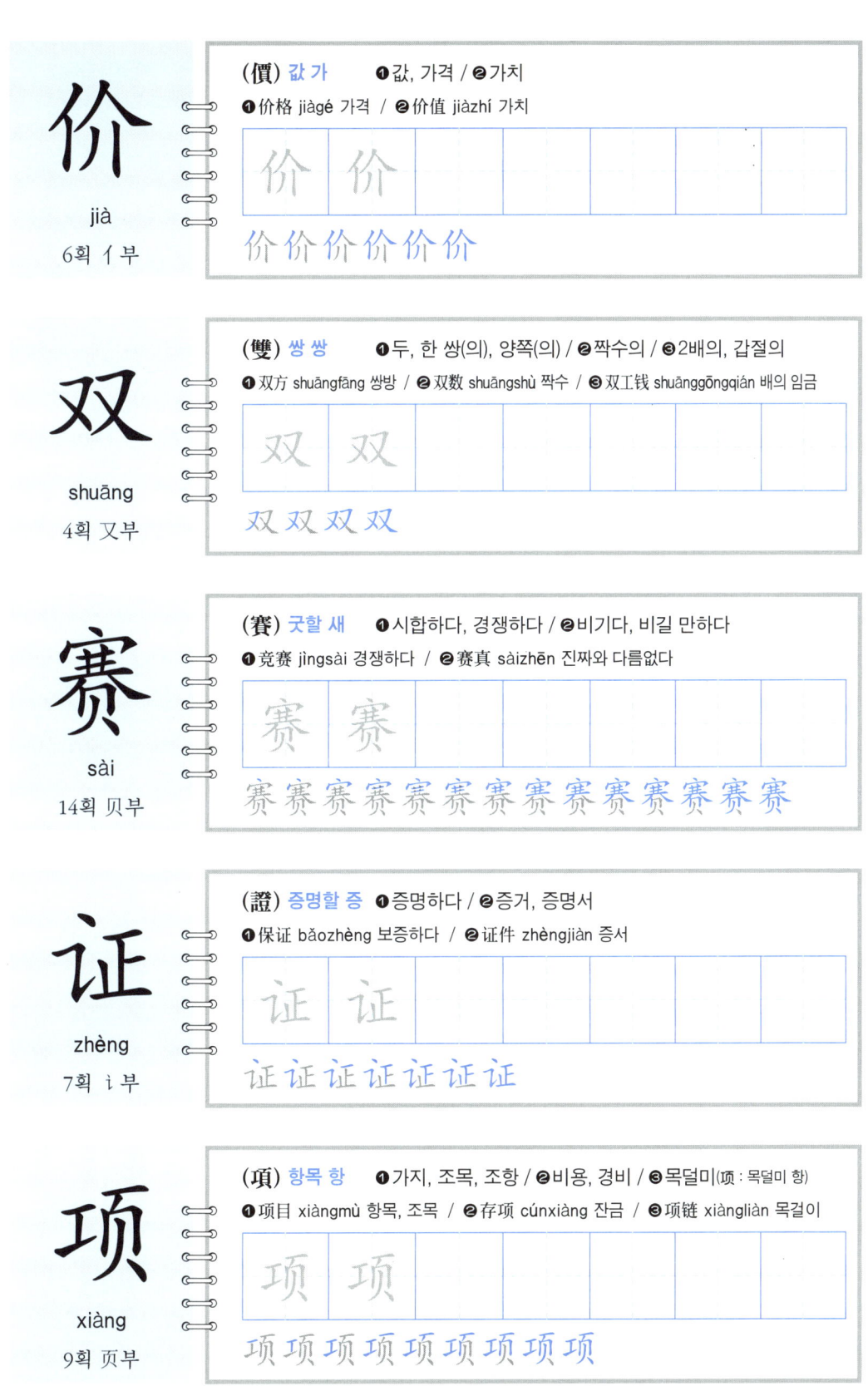

罢 bà 10획 罒부

(罷) 파할 파 ❶멈추다, 중지하다 / ❷제거하다, 해임하다 / ❸종료하다

❶罢工 bàgōng 파업하다 / ❷罢免 bàmiǎn 파면하다 / ❸罢休 bàxiū 중지하다

罢 罢 罢 罢 罢 罢 罢 罢 罢 罢

鱼 yú 8획 鱼부

(魚) 물고기 어 물고기, 어류

金鱼 jīnyú 금붕어 / 钓鱼 diàoyú 낚시를 하다 / 鱼池 yúchí 양어장

鱼 鱼 鱼 鱼 鱼 鱼 鱼 鱼

虽 suī 9획 虫부

(雖) 비록 수 ❶비록 ~이지만 / ❷설사 ~이더라도

❶虽说 suīshuō 비록 ~이라도 / ❷虽然 suīrán 비록 ~일지라도

虽 虽 虽 虽 虽 虽 虽 虽 虽

试 shì 8획 讠부

(試) 시험할 시 시험, 시험하다, 시험 삼아 해 보다

试验 shìyàn 시험, 테스트 / 考试 kǎoshì 시험을 치다 / 试行 shìxíng 시험 삼아 해 보다

试 试 试 试 试 试 试 试

养 yǎng 9획 八부

(養) 기를 양 ❶기르다, 양육하다 / ❷휴양하다, 요양하다 / ❸수양하다

❶培养 péiyǎng 배양하다 / ❷休养 xiūyǎng 휴양하다 / ❸教养 jiàoyǎng 교육하다

养 养 养 养 养 养 养 养 养

满 mǎn
13획 氵부

(滿) 찰 만 ❶차다, 가득하다 / ❷(기한이) 되다 / ❸전부, 모두 / ❹만족하다
❶充满 chōngmǎn 충만하다 / ❷满期 mǎnqī 만기가 되다 / ❸满都 mǎndōu 모두 / ❹满足 mǎnzú 만족하다

满 满

满满满满满满满满满满满

红 hóng
6획 纟부

(紅) 붉을 홍 ❶붉다, 빨갛다 / ❷순조롭다, 성공적이다, 인기있다
❶通红 tōnghóng 새빨갛다 / ❷开门红 kāiménhóng 출발이 순조롭다

红 红

红红红红红红

计 jì
4획 讠부

(計) 셀 계 ❶계산하다 / ❷계획하다 / ❸계획, 계략, 방책 / ❹계량기
❶计算 jìsuàn 계산 / ❷计划 jìhuà 계획 / ❸计策 jìcè 계책 / ❹计表 jìbiǎo 계량기

计 计

计计计计

银 yín
11획 钅부

(銀) 은 은 은, 은화, 은색, 은빛
银行 yínháng 은행 / 银币 yínbì 은화 / 银幕 yínmù 은막, 스크린

银 银

银银银银银银银银银银银

职 zhí
11획 耳부

(職) 구실 직 ❶직무, 직책 / ❷직위 / ❸관장하다
❶职业 zhíyè 직업 / ❷就职 jiùzhí 취임하다 / ❸职掌 zhízhǎng 관장하다

职 职

职职职职职职职职职职职

✱ 다시 익혀 볼까요?

(1) 다음의 번체자를 간체자로 바꿔보세요.

❶ 節 → (　　　)　❷ 樹 → (　　　)　❸ 傳 → (　　　)

❹ 備 → (　　　)　❺ 錢 → (　　　)　❻ 講 → (　　　)

❼ 參 → (　　　)　❽ 織 → (　　　)　❾ 談 → (　　　)

❿ 積 → (　　　)　⓫ 亞 → (　　　)　⓬ 復 → (　　　)

⓭ 廠 → (　　　)　⓮ 歷 → (　　　)　⓯ 縣 → (　　　)

(2) 병음과 음, 뜻을 보고 간체자를 써보세요.

❶ xuǎn 가릴 선 (　　　) 선택하다, 선출하다　　❷ tiě 쇠 철 (　　　) 쇠, 철, 무기

❸ shì 기세 세 (　　　) 세력, 위세, 기세　　❹ ma 의문조사 마 (　　　) 문장 끝에서 의문문을 표시

❺ zhǔn 허가할 준 (　　　) 허락하다, 표준　　❻ kuàng 하물며 황 (　　　) 모양, 상태

❼ duàn 끊을 단 (　　　) 자르다, 끊다　　❽ lí 떠날 리 (　　　) 떠나다, 분리하다

❾ shèng 이길 승 (　　　) 승리하다, 이기다　　❿ xiě 베낄 사 (　　　) 묘사하다. (글을) 쓰다

⓫ tái 대 대 (　　　) 대, 무대　　⓬ yuǎn 멀 원 (　　　) 멀다, 아득하다

⓭ què 굳을 확 (　　　) 일치하다, 확실히　　⓮ xì 가늘 세 (　　　) 가늘다, 세밀하다

⓯ biāo 표할 표 (　　　) 표면, 표지, 기호　　⓰ xīng 일 흥 (　　　) 유행하다, 창립하다

⓱ fēi 날 비 (　　　) 날다, 휘발하다　　⓲ jǐn 긴할 긴 (　　　) 긴박하다, 팽팽하다

⓳ wēn 따뜻할 온 (　　　) 따뜻하다, 온도　　⓴ sū 소생 소 (　　　) 소생하다, 회생하다

(3) 병음과 뜻을 보고 단어를 완성해서 써보세요.

❶ jiàgé	가격				
❷ shuāngfāng	쌍방, 양쪽				
❸ jìngsài	경쟁, 경쟁하다				
❹ bǎozhèng	보증, 보증하다				
❺ xiàngmù	항목, 조목				
❻ bàmiǎn	파면, 파면하다				
❼ diàoyú	낚시를 하다				
❽ suīshuō	비록 ~이라도				
❾ shìyàn	시험, 테스트				
❿ péiyǎng	배양, 배양하다				

(4) 다음의 빈칸을 완성해 보세요.

❶ mǎn		滿		차다, 가득하다
❷ hóng	붉을 홍			붉다, 빨갛다
❸ jì		計		계산하다, 계획하다
❹ yín	은 은			은, 은화, 은색
❺ zhí			职	직무, 직책, 직위

정답 (1) ❶节 ❷树 ❸传 ❹备 ❺钱 ❻讲 ❼参 ❽织 ❾谈 ❿积 ⓫亚 ⓬复 ⓭厂 ⓮历 ⓯县 (2) ❶选 ❷铁 ❸势 ❹吗 ❺准况 ❼断 ❽离 ❾胜 ❿写 ⓫台 ⓬远 ⓭确 ⓮细 ⓯标 ⓰兴 ⓱飞 ⓲紧 ⓳温 ⓴苏 (3) ❶价格 ❷双数 ❸竞赛 ❹保证 ❺项目 ❻罢免 ❼钓鱼 ❽虽说 ❾试验 ❿培养 (4) ❶찰 만, 满 ❷红, 红 ❸셀 계, 计 ❹银, 银 ❺구실 직, 职

查
chá
9획 木부

(查) 조사할 사 ❶검사하다 / ❷조사하다 / ❸찾아보다, 들춰보다
❶检查 jiǎnchá 검사하다 / ❷调查 diàochá 조사하다 / ❸查辞典 chácídiǎn 사전을 찾아보다

查 查
查查查查查查查查查

随
suí
11획 阝부

(隨) 따를 수 ❶(~를) 따르다 / ❷마음대로 하게 하다 / ❸~하는 김에 / ❹순응하다
❶跟随 gēnsuí 뒤따르다 / ❷随意 suíyì 뜻대로 / ❸随手 suíshǒu ~하는 김에 / ❹随顺 suíshùn 순종하다

随 随
随随随随随随随随随随

费
fèi
9획 贝부

(費) 쓸 비 ❶비용, 요금, 수수료 / ❷쓰다, 소비하다
❶费用 fèiyong 비용, 지출 / ❷消费 xiāofèi 소비하다

费 费
费费费费费费费费费

续
xù
11획 纟부

(續) 이을 속 ❶계속되다, 이어지다 / ❷(보충하여) 잇다 / ❸보태다, 더하다
❶持续 chíxù 지속하다 / ❷续编 xùbiān 속편 / ❸续派 xùpài 증파하다, 더 보내다

续 续
续续续续续续续续续续续

乐
lè / yuè
5획 丿부

(樂) 즐거울 락 ❶즐겁다, 기쁘다 / ❷즐기다, 좋아하다 / ❸음악(번체 樂 : 풍류 악)
❶快乐 kuàilè 쾌락, 즐겁다 / ❷乐业 lèyè 일을 즐기다 / ❸音乐 yīnyuè 음악

乐 乐
乐乐乐乐乐

块
kuài
7획 土부

(塊) 흙덩이 괴 ❶조각, 덩어리 / ❷중국의 화폐 단위 / ❸함께, 같이

❶金块 jīnkuài 금괴 / ❷三块钱 sānkuàiqián 3위안 / ❸一块儿 yīkuàir 함께

块块块块块块块

买
mǎi
6획 →부

(買) 살 매 ❶사다, 구입하다 / ❷(뇌물로) 매수하다 / ❸자초하다

❶购买 gòumǎi 구매하다 / ❷买通 mǎitōng 매수하다 / ❸买祸 mǎihuò 화를 자초하다

买买买买买买

状
zhuàng
7획 犬부

(狀) 모양 상 ❶상태, 모양 / ❷상황, 형편 / ❸형용하다 / ❹문서, 증서

❶形状 xíngzhuàng 형상 / ❷状况 zhuàngkuàng 상황 / ❸状语 zhuàngyǔ 묘사하다 / ❹奖状 jiǎngzhuàng 상장

状状状状状状状

视
shì
8획 见부

(視) 볼 시 ❶보다 / ❷간주하다, ~로 여기다 / ❸살피다 / ❹처리하다

❶视线 shìxiàn 시선 / ❷重视 zhòngshì 중시하다 / ❸视察 shìchá 시찰하다 / ❹视事 shìshì 일을 보다

视视视视视视视视

愿
yuàn
14획 心부

(願) 바랄 원 ❶바라다, 소망하다 / ❷성실하고 신중하다(愿 : 성실할 원)

❶祝愿 zhùyuàn 축원하다 / ❷谨愿 jǐnyuàn 성실하다

愿愿愿愿愿愿愿愿愿愿愿

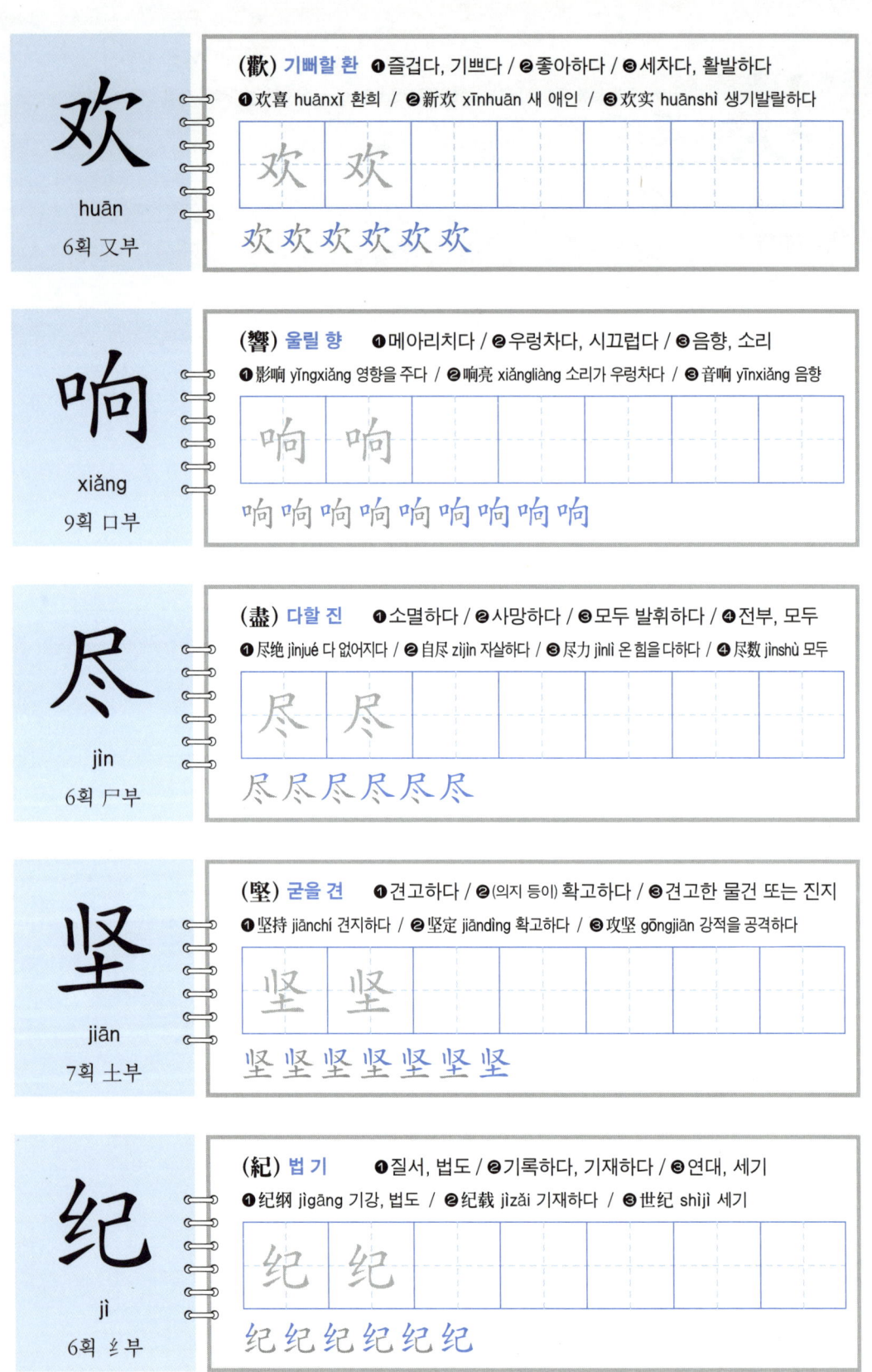

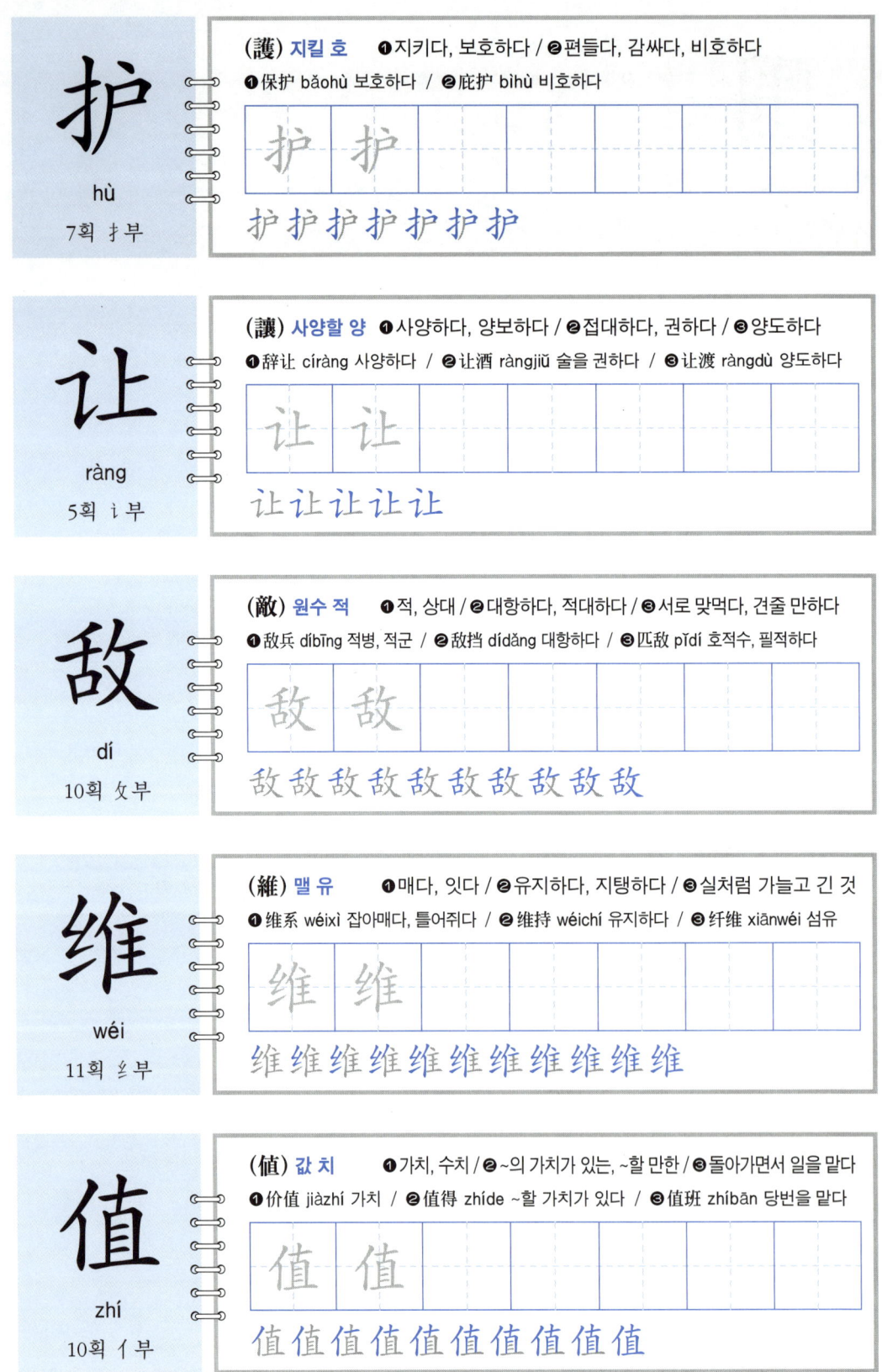

轻 qīng 9획 车부

(輕) 가벼울 경 ❶가볍다, 작다 / ❷간단하다, 간편하다 / ❸경솔하다

❶轻微 qīngwēi 경미하다 / ❷轻便 qīngbiàn 간편하다 / ❸轻率 qīngshuài 경솔하다

轻 轻

轻 轻 轻 轻 轻 轻 轻 轻

责 zé 8획 贝부

(責) 꾸짖을 책 ❶책임지다 / ❷질문하다, 따지다 / ❸나무라다, 꾸짖다

❶负责 fùzé 책임지다 / ❷责对 zéduì 따지고 묻다 / ❸责备 zébèi 책망하다

责 责

责 责 责 责 责 责 责 责

营 yíng 11획 艹부

(營) 경영할 영 ❶추구하다 / ❷경영하다, 관리하다 / ❸병영, 주둔지

❶营利 yínglì 영리를 꾀하다 / ❷经营 jīngyíng 경영하다 / ❸野营 yěyíng 야영하다

营 营

营 营 营 营 营 营 营 营 营 营

监 jiān 10획 皿부

(監) 살필 감 ❶감시하다, 감독하다 / ❷감옥, 감방

❶监视 jiānshì 감시하다 / ❷收监 shōujiān 수감하다, 옥에 가두다

监 监

监 监 监 监 监 监 监 监 监

称 chēng 10획 禾부

(稱) 일컬을 칭 ❶칭하다 / ❷명칭 / ❸말하다, 진술하다 / ❹칭찬하다

❶称呼 chēnghu 호칭하다 / ❷尊称 zūnchēng 존칭 / ❸称述 chēngshù 진술하다 / ❹称赞 chēngzàn 칭찬하다

称 称

称 称 称 称 称 称 称 称 称 称

继 jì
10획 糸부

(繼) 이을 계 ❶계속하다, 이어지다, 지속하다 / ❷그 다음에, 잇달아서

❶继承 jìchéng 계승하다 / ❷相继 xiāngjì 연이어, 잇달아, 계속하여

渐 jiān/jiàn
11획 氵부

(漸) 번질 점 ❶적시다, 스며들다 / ❷점차, 차츰차츰(漸 : 차차 점)

❶渐染 jiānrǎn 서서히 물들다 / ❷渐渐 jiànjiàn 점점, 차차

医 yī
7획 匚부

(醫) 의원 의 ❶의사 / ❷의학 / ❸치료하다

❶医生 yīshēng 의사 / ❷医学 yīxué 의학 / ❸医治 yīzhì 치료하다

坏 huài
7획 土부

(壞) 무너질 괴 ❶나쁘다, 못되다 / ❷무척 ~하다 / ❸고장나다, 망가지다

❶坏鬼 huàiguǐ 악당, 나쁜 놈 / ❷饿坏了 èhuàile 무척 배고프다 / ❸破坏 pòhuài 파괴하다

负 fù
6획 贝부

(負) 질 부 ❶(짐을) 지다 / ❷(임무를) 맡다 / ❸의지하다 / ❹당하다, 받다

❶负载 fùzài 등에 지다 / ❷负责 fùzé 책임지다 / ❸自负 zìfù 자부하다 / ❹负伤 fùshāng 부상당하다

65

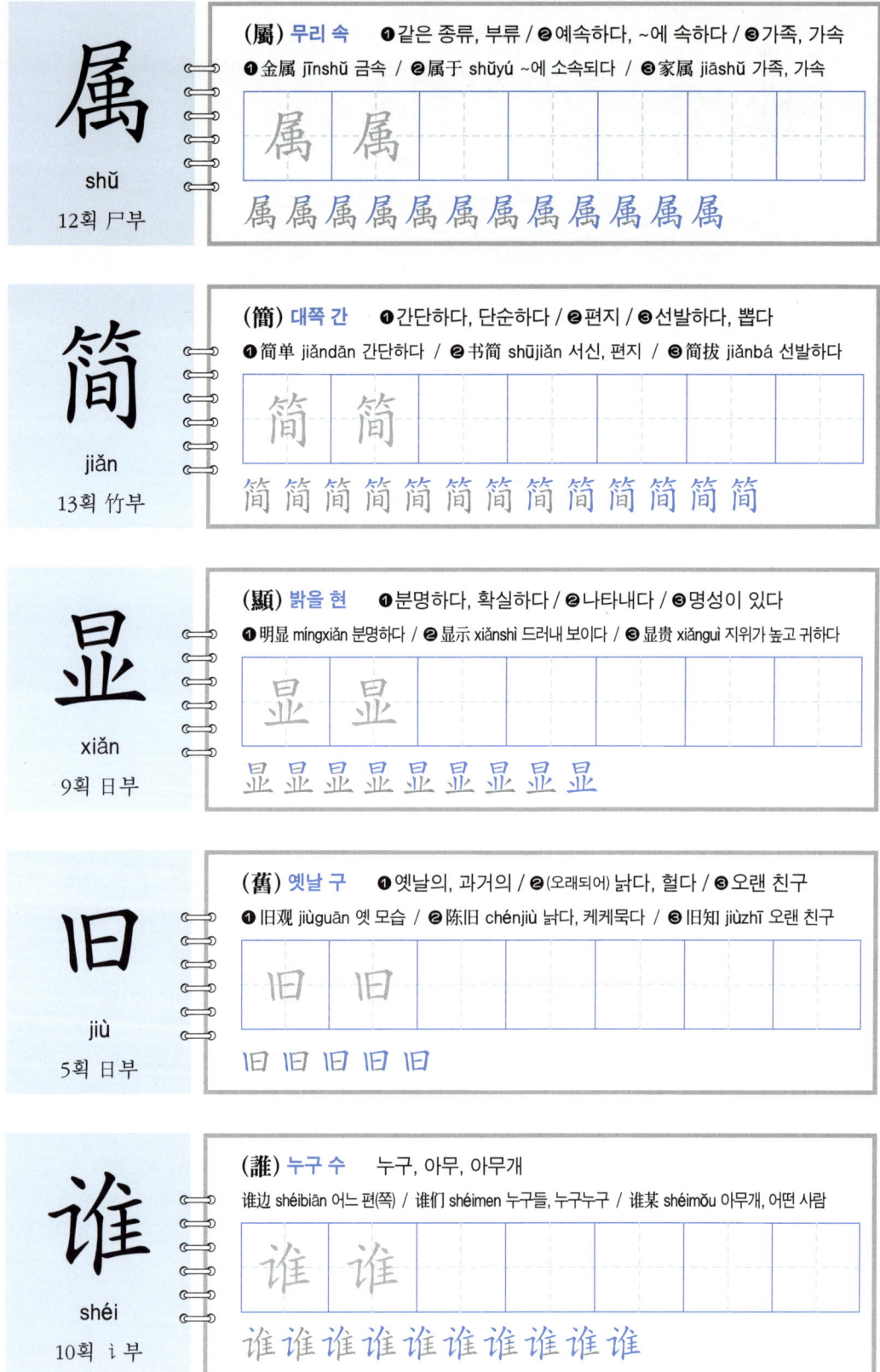

云 yún 4획 二부

(雲) 구름 운   구름, 구름과 비슷하게 생긴 것

云彩 yúncai 구름 / 云海 yúnhǎi 구름바다 / 云集 yúnjí 구름처럼 모여들다

云 云

云云云云

适 shì 9획 辶부

(適) 맞을 적   ❶적합하다, 알맞다 / ❷편안하다 / ❸이제 막, 방금 / ❹가다

❶适当 shìdàng 적당하다 / ❷舒适 shūshì 편안하다 / ❸适才 shìcái 방금, 막 / ❹适京 shìjīng 상경하다

适 适

适适适适适适适适

协 xié 6획 十부

(協) 합할 협   ❶합하다, 모으다 / ❷협조하다 / ❸화합하다 / ❹복종하다

❶协力 xiélì 협력하다 / ❷协助 xiézhù 협조하다 / ❸协谐 xiéxié 어울리다 / ❹协服 xiéfú 기꺼이 복종하다

协 协

协协协协协协

艺 yì 4획 艹부

(藝) 재주 예   ❶기술, 기예 / ❷예술, 예능 / ❸준칙, 한도

❶手艺 shǒuyì 수예 / ❷艺术 yìshù 예술 / ❸无艺 wúyì 한도가 없다, 법도가 없다

艺 艺

艺艺艺艺

换 huàn 10획 扌부

(換) 바꿀 환   ❶바꾸다, 교환하다 / ❷갈다, 변환하다 / ❸환전하다

❶交换 jiāohuàn 교환하다 / ❷转换 zhuǎnhuàn 전환하다 / ❸兑换 duìhuàn 환전하다

换 换

换换换换换换换换换换

✲ 다시 익혀 볼까요?

(1) 다음의 번체자를 간체자로 바꿔 보세요.

❶ 查 → (　　)　　❷ 隨 → (　　)　　❸ 費 → (　　)

❹ 續 → (　　)　　❺ 樂 → (　　)　　❻ 塊 → (　　)

❼ 買 → (　　)　　❽ 狀 → (　　)　　❾ 視 → (　　)

❿ 願 → (　　)　　⓫ 歡 → (　　)　　⓬ 響 → (　　)

⓭ 盡 → (　　)　　⓮ 堅 → (　　)　　⓯ 紀 → (　　)

(2) 병음과 음, 뜻을 보고 간체자를 써 보세요.

❶ wéi 둘레 위 (　　) 둘러싸다, 에워싸다　　❷ céng 층 층 (　　) 중복되다, 층, 겹

❸ huà 그을 획 (　　) 가르다, 나누다　　❹ yáng 볕 양 (　　) 양기, 태양, 해

❺ mā 어미 마 (　　) 엄마, 어머니　　❻ hù 지킬 호 (　　) 지키다, 보호하다

❼ ràng 사양할 양 (　　) 사양하다, 양보하다　　❽ dí 원수 적 (　　) 적, 상대, 대항하다

❾ wéi 맬 유 (　　) 매다, 잇다　　❿ zhí 값 치 (　　) 가치, 수치

⓫ yán 엄할 엄 (　　) 엄격하다, 치밀하다　　⓬ lùn 바퀴 륜 (　　) 바퀴

⓭ jī 칠 격 (　　) 치다, 두드리다　　⓮ yáng 오를 양 (　　) 높이 들다, 휘날리다

⓯ yè 잎 엽 (　　) 잎, 나뭇잎　　⓰ qīng 가벼울 경 (　　) 가볍다, 작다

⓱ zé 꾸짖을 책 (　　) 나무라다, 꾸짖다　　⓲ yíng 경영할 영 (　　) 경영하다, 관리하다

⓳ jiān 살필 감 (　　) 감시하다, 감독하다　　⓴ chēng 일컬을 칭 (　　) 칭하다, 명칭

(3) 병음과 뜻을 보고 단어를 완성해서 써보세요.

❶ jìchéng	계승, 계승하다				
❷ jiànjiàn	점차, 점점				
❸ yīshēng	의사				
❹ pòhuài	파괴, 파괴하다				
❺ fùshāng	부상, 부상당하다				
❻ jīnshǔ	금속, 쇠붙이				
❼ jiǎndān	간단, 간단하다				
❽ míngxiǎn	분명하다				
❾ jiùguān	옛 모습				
❿ shéibiān	누구 편, 어느 쪽				

(4) 다음의 빈칸을 완성해 보세요.

❶ yún		雲		구름
❷ shì	맞을 적			적합하다, 알맞다
❸ xié		協		합하다, 협력하다
❹ yì	재주 예			기술, 예술, 예능
❺ huàn			換	바꾸다, 교환하다

정답 (1) ❶查 ❷随 ❸费 ❹续 ❺乐 ❻块 ❼买 ❽状 ❾视 ❿愿 ⓫欢 ⓬响 ⓭尽 ⓮坚 ⓯纪 (2) ❶围 ❷层 ❸划 ❹阳 ❺妈 ❻护 ❼让 ❽敌 ❾维 ❿值 ⓫严 ⓬轮 ⓭击 ⓮扬 ⓯叶 ⓰轻 ⓱责 ⓲营 ⓳监 ⓴称 (3) ❶继承 ❷渐次 ❸医生 ❹破坏 ❺负伤 ❻金属 ❼简单 ❽明显 ❾旧观 ❿谁边 (4) ❶구름 운, 云 ❷適, 适 ❸합할 협, 协 ❹藝, 艺 ❺바꿀 환, 换

宽
kuān
10획 宀부

(寬) 너그러울 관 ❶(면적 등이) 넓다 / ❷폭, 너비 / ❸느슨하다 / ❹여유롭다
❶宽大 kuāndà 넓다, 크다 / ❷宽度 kuāndù 너비 / ❸宽容 kuānróng 관용하다 / ❹宽裕 kuānyù 여유롭다

宽 宽

宽宽宽宽宽宽宽宽宽宽

财
cái
7획 贝부

(財) 재물 재 재물, 재화
财产 cáichǎn 재산 / 财力 cáilì 재력 / 理财 lǐcái 재테크하다

财 财

财财财财财财财

错
cuò
13획 钅부

(錯) 섞일 착 ❶뒤섞이다, 복잡하다 / ❷놓치다, 잃다 / ❸잘못, 허물
❶交错 jiāocuò 교착하다 / ❷错过 cuòguò 놓치다 / ❸差错 chācuò 착오, 실수

错 错

错错错错错错错错错错错错

归
guī
5획 ⺕부

(歸) 돌아갈 귀 ❶돌아가다 / ❷돌려주다 / ❸몰려들다 / ❹~에 속하다
❶归复 guīfù 복귀하다 / ❷归还 guīhuán 돌려주다 / ❸归集 guījí 모이다 / ❹归于 guīyú ~에 속하다

归 归

归归归归归

余
yú
7획 人부

(餘) 남을 여 ❶남기다, 남다 / ❷여분, 나머지 / ❸~여, ~남짓
❶残余 cányú 남다 / ❷其余 qíyú 나머지, 여분 / ❸百余斤 bǎiyújīn 백여 근

余 余

余余余余余余余

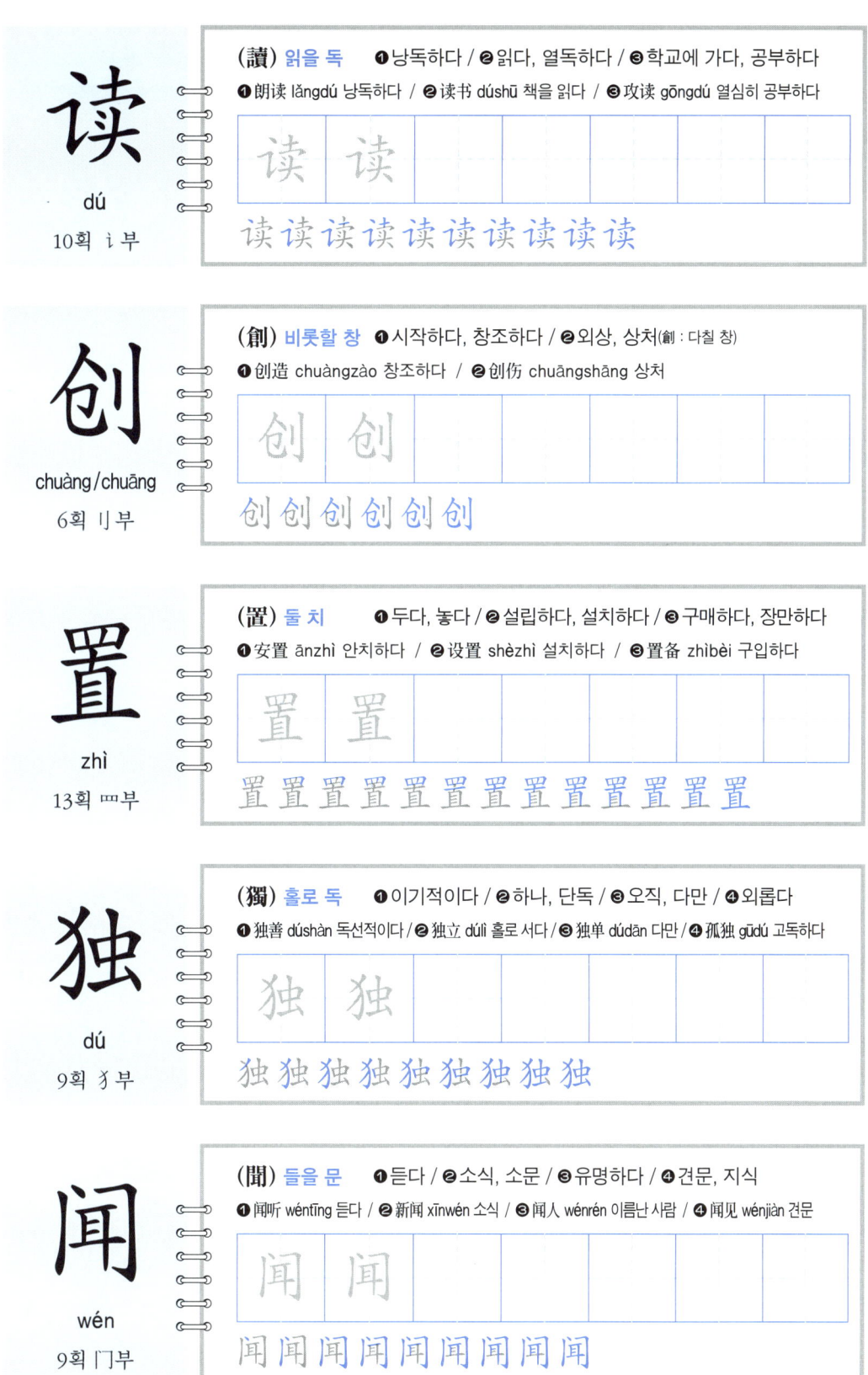

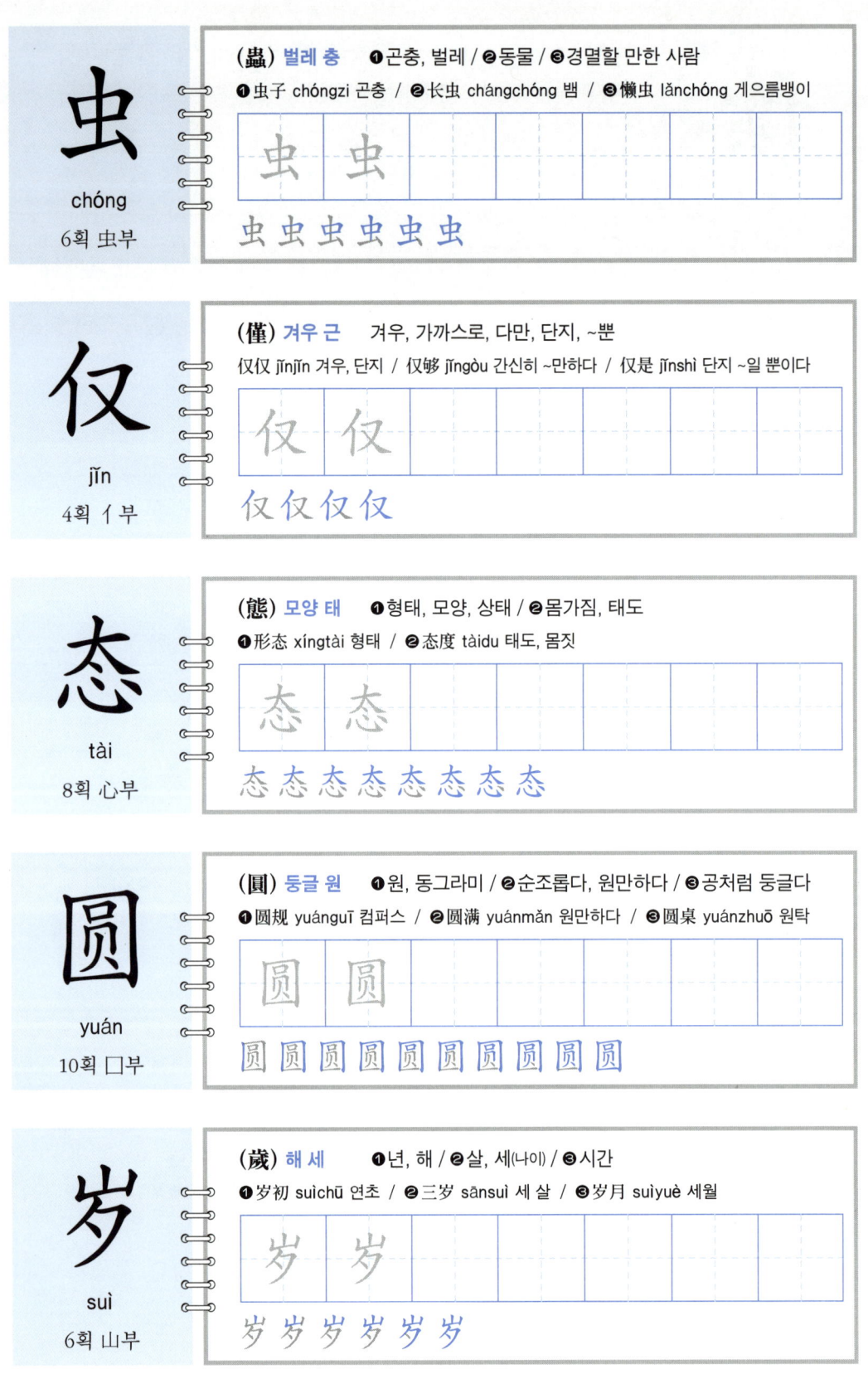

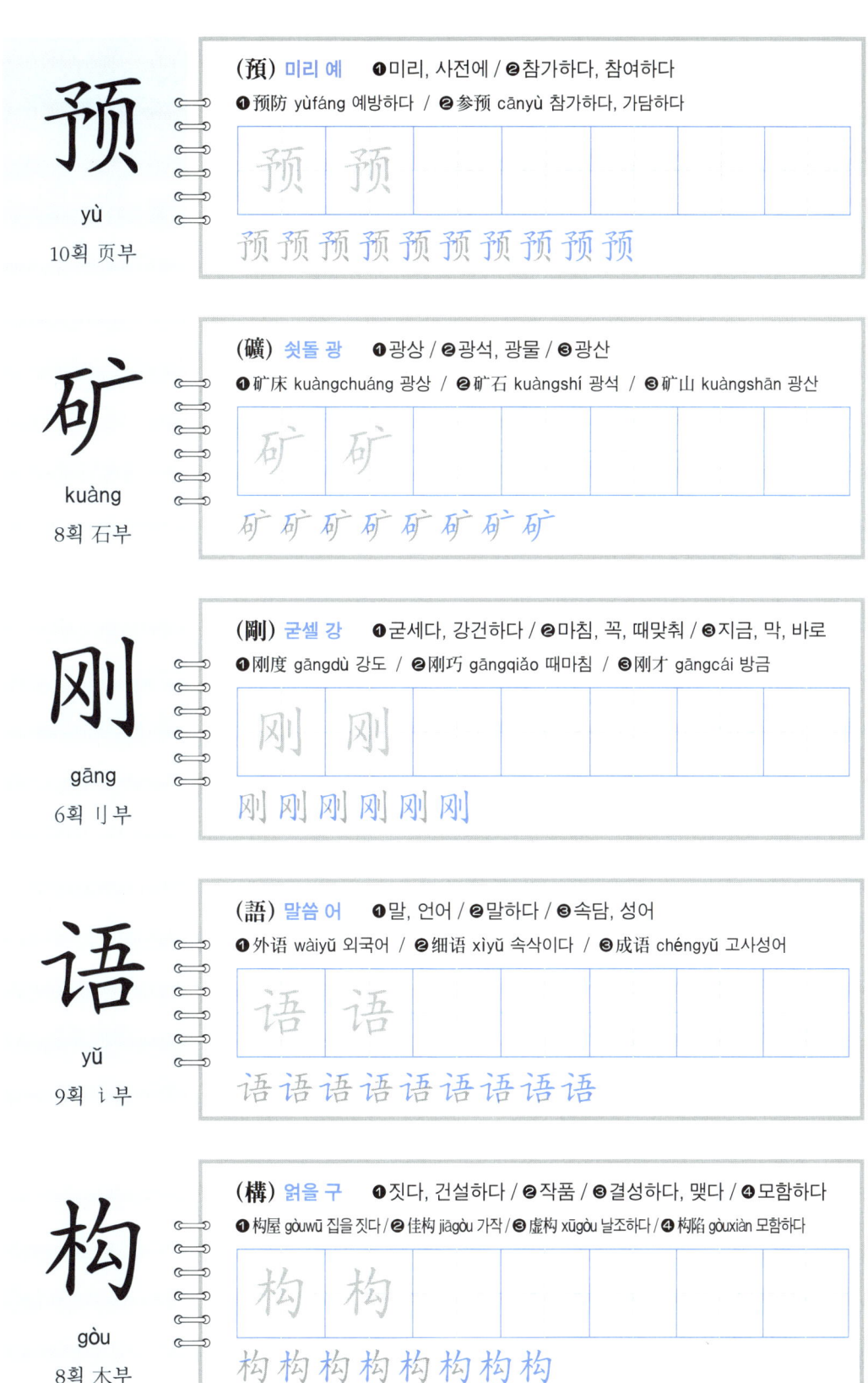

预 yù　10획 页부
(預) 미리 예　❶미리, 사전에 / ❷참가하다, 참여하다
❶预防 yùfáng 예방하다 / ❷参预 cānyù 참가하다, 가담하다

矿 kuàng　8획 石부
(礦) 쇳돌 광　❶광상 / ❷광석, 광물 / ❸광산
❶矿床 kuàngchuáng 광상 / ❷矿石 kuàngshí 광석 / ❸矿山 kuàngshān 광산

刚 gāng　6획 刂부
(剛) 굳셀 강　❶굳세다, 강건하다 / ❷마침, 꼭, 때맞춰 / ❸지금, 막, 바로
❶刚度 gāngdù 강도 / ❷刚巧 gāngqiǎo 때마침 / ❸刚才 gāngcái 방금

语 yǔ　9획 讠부
(語) 말씀 어　❶말, 언어 / ❷말하다 / ❸속담, 성어
❶外语 wàiyǔ 외국어 / ❷细语 xìyǔ 속삭이다 / ❸成语 chéngyǔ 고사성어

构 gòu　8획 木부
(構) 얽을 구　❶짓다, 건설하다 / ❷작품 / ❸결성하다, 맺다 / ❹모함하다
❶构屋 gòuwū 집을 짓다 / ❷佳构 jiāgòu 가작 / ❸虚构 xūgòu 날조하다 / ❹构陷 gòuxiàn 모함하다

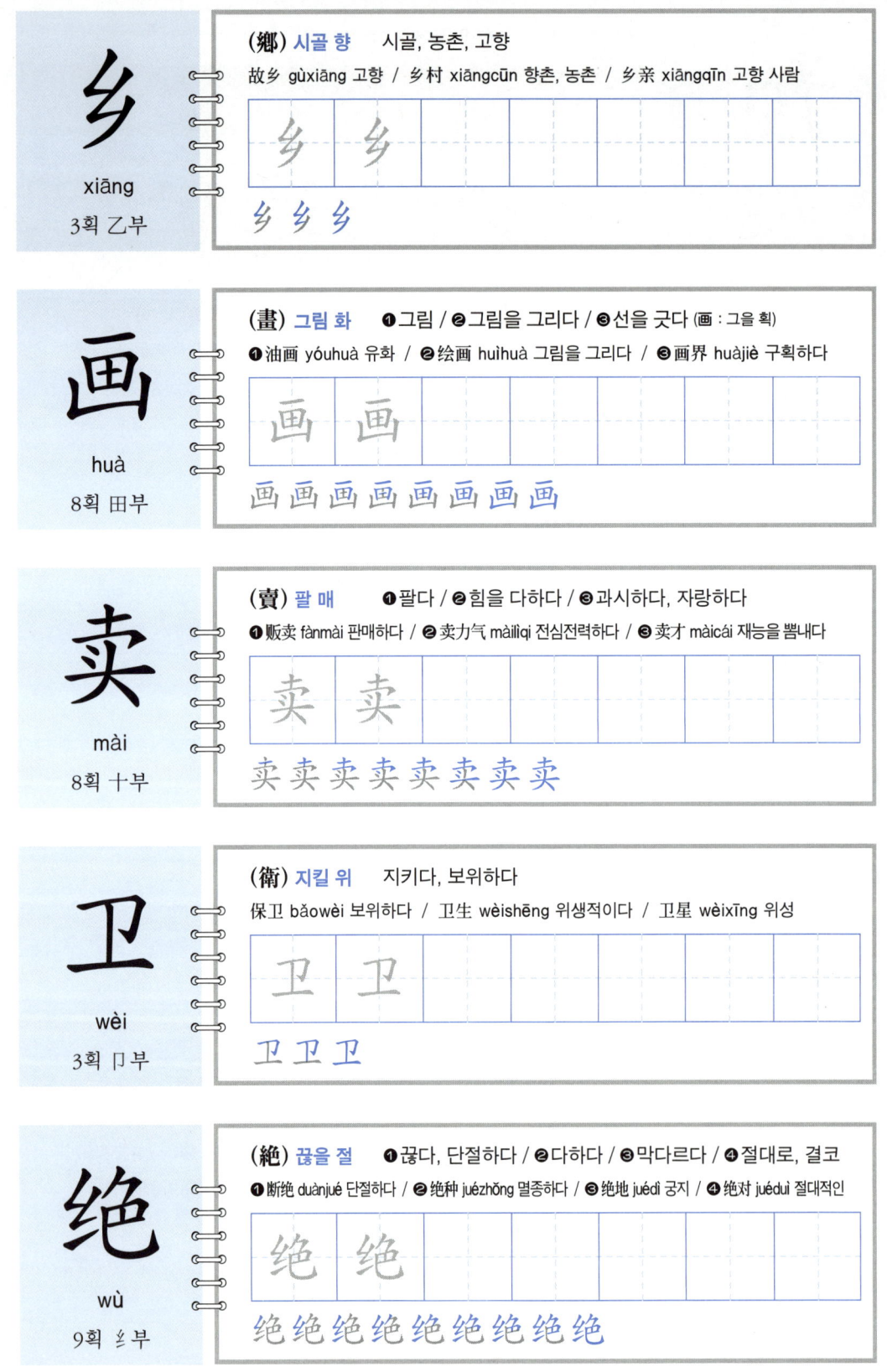

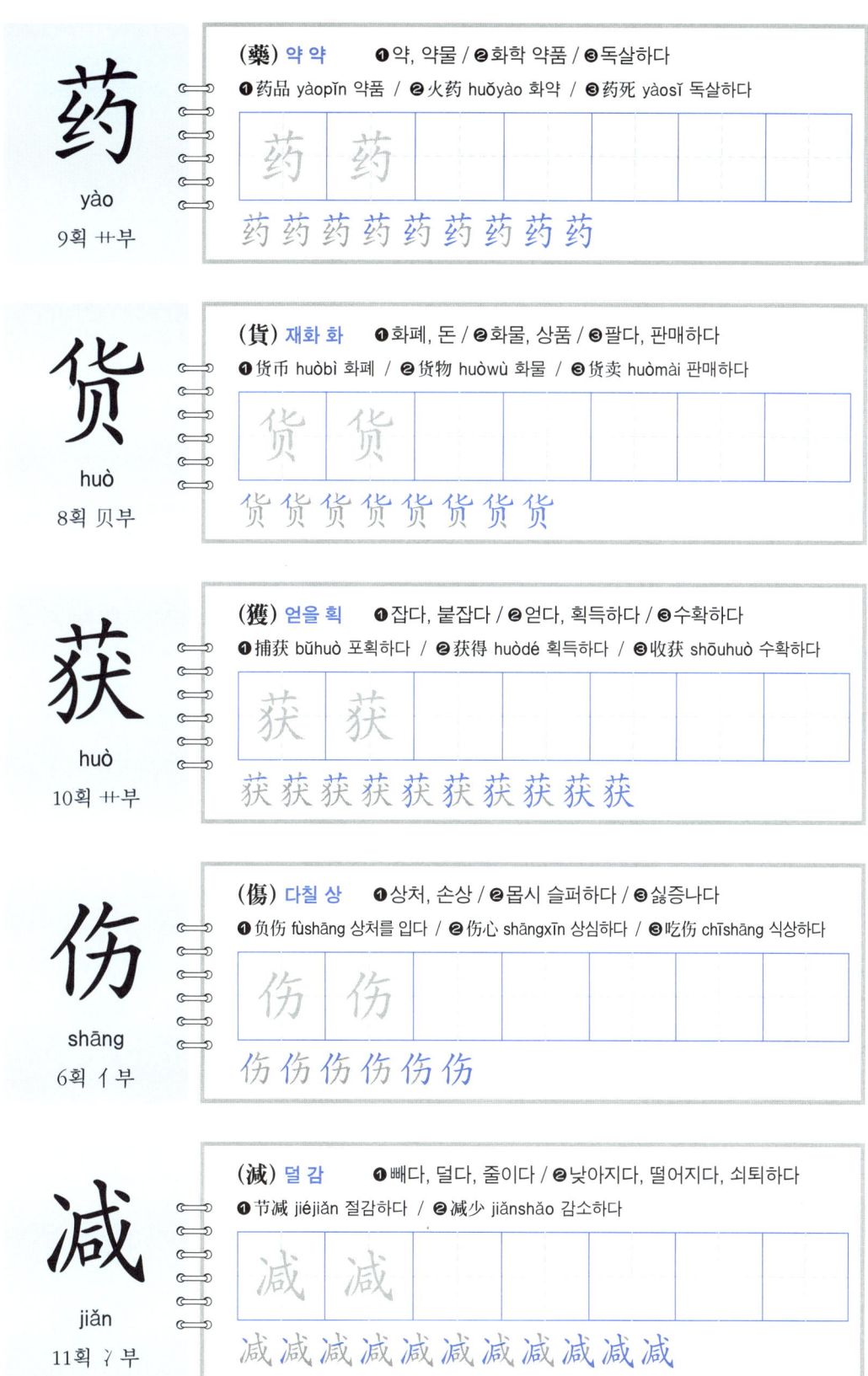

赶
gǎn 10획 走부

(趕) 달릴 간　❶따라가다 / ❷서두르다 / ❸(~로) 가다 / ❹몰아내다, 내쫓다
❶赶上 gǎnshàng 따라잡다 / ❷赶忙 gǎnmáng 서둘러 / ❸赶街 gǎnjiē 장에 가다 / ❹赶开 gǎnkāi 내쫓다

赶 赶

赶 赶 赶 赶 赶 赶 赶 赶

终
zhōng 8획 纟부

(終) 끝 종　❶최후 / ❷사망하다 / ❸결국, 마침내 / ❹처음부터 끝까지
❶终点 zhōngdiǎn 종점 / ❷终老 zhōnglǎo 늙어 죽다 / ❸终于 zhōngyú 결국 / ❹终身 zhōngshēn 평생

终 终

终 终 终 终 终 终 终 终

诉
sù 7획 讠부

(訴) 아뢸 소　❶알리다 / ❷하소연하다 / ❸헐뜯어 말하다 / ❹고소하다
❶告诉 gàosu 알리다 / ❷诉说 sùshuō 하소연하다 / ❸控诉 kòngsù 규탄하다 / ❹诉讼 sùsòng 소송하다

诉 诉

诉 诉 诉 诉 诉 诉 诉

优
yōu 6획 亻부

(優) 뛰어날 우　❶훌륭하다, 우수하다 / ❷충분하다 / ❸우대하다 / ❹배우
❶优越 yōuyuè 우월하다 / ❷优裕 yōuyù 부유하다 / ❸优惠 yōuhuì 우대의 / ❹俳优 páiyōu 배우

优 优

优 优 优 优 优 优

杂
zá 6획 木부

(雜) 섞일 잡　잡다하다, 가지각색이다, 뒤섞이다
复杂 fùzá 복잡하다 / 杂志 zázhì 잡지 / 杂乱 záluàn 난잡하다

杂 杂

杂 杂 杂 杂 杂 杂

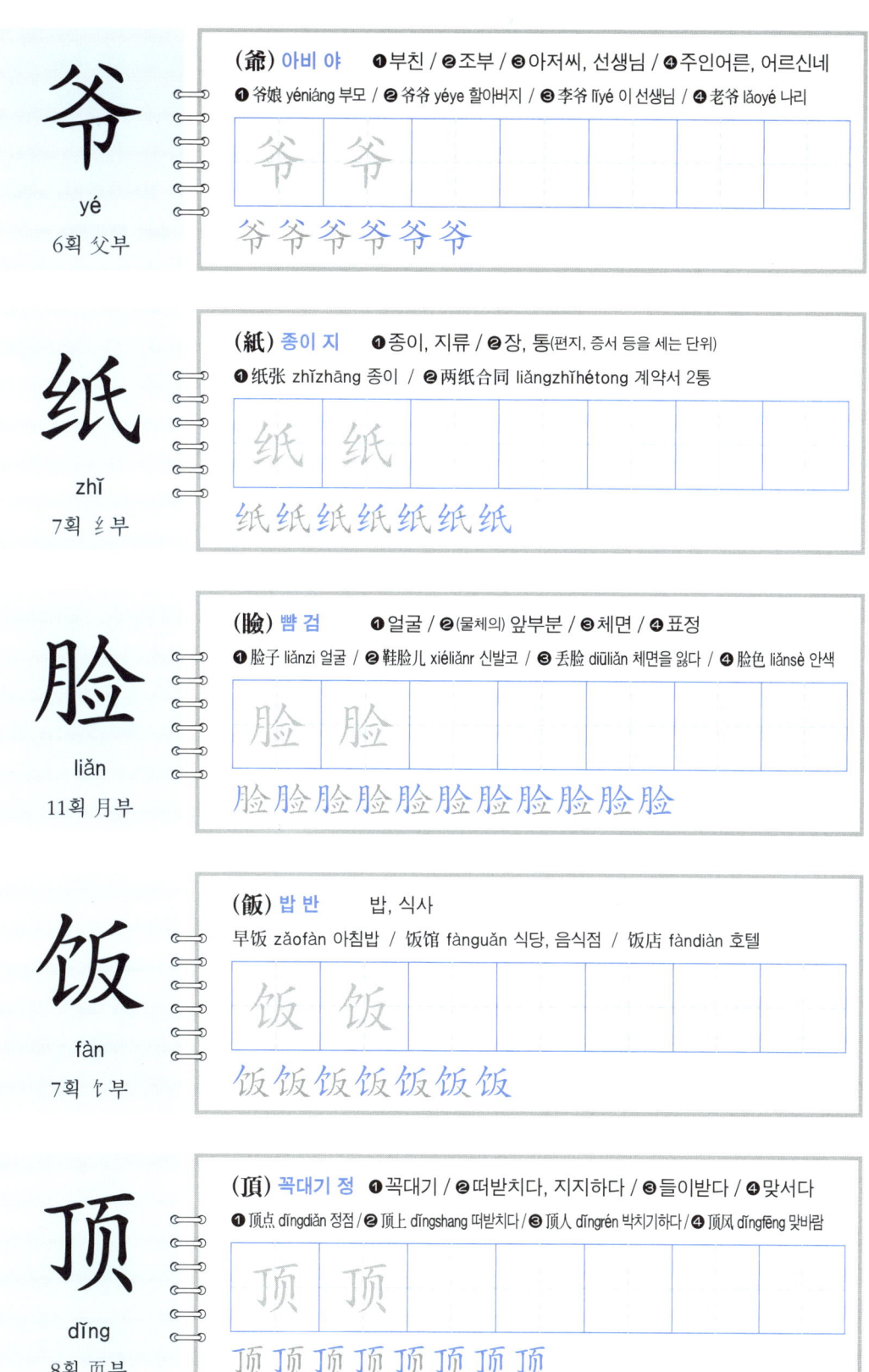

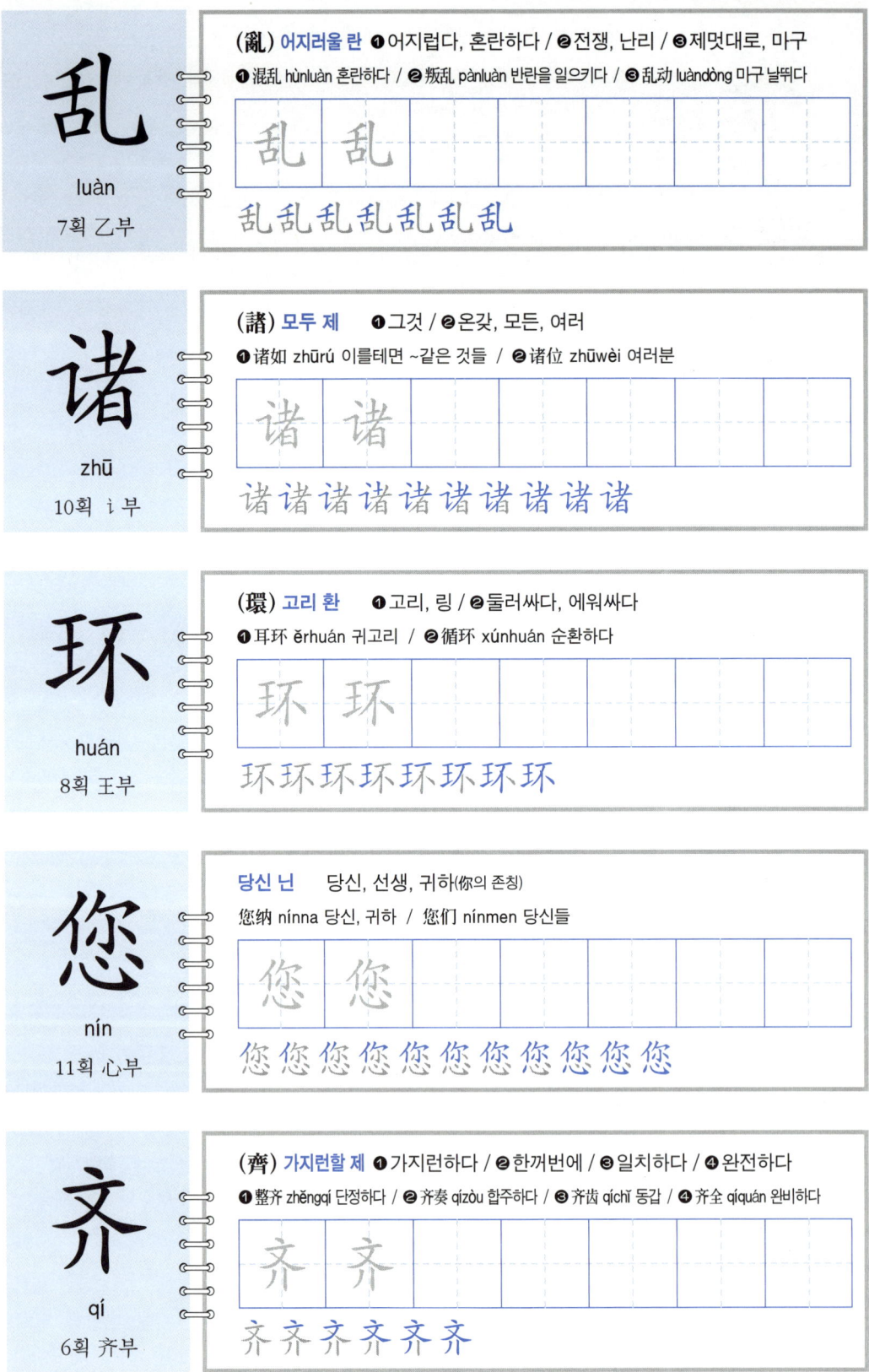

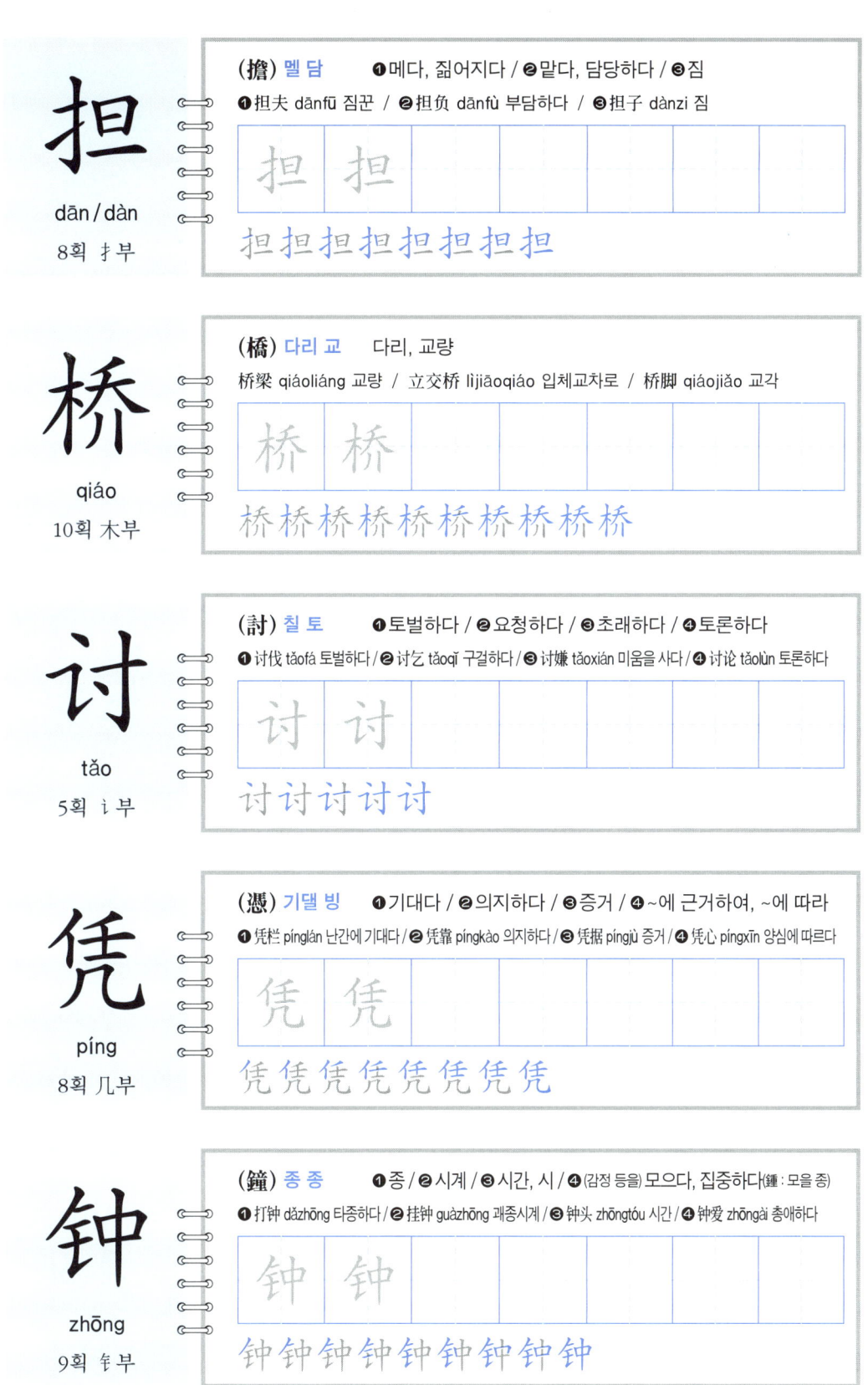

✲ 다시 익혀 볼까요?

(1) 다음의 번체자를 간체자로 바꿔보세요.

❶ 寬 → (　　) ❷ 財 → (　　) ❸ 錯 → (　　)

❹ 歸 → (　　) ❺ 餘 → (　　) ❻ 讀 → (　　)

❼ 創 → (　　) ❽ 置 → (　　) ❾ 獨 → (　　)

❿ 聞 → (　　) ⓫ 蟲 → (　　) ⓬ 僅 → (　　)

⓭ 態 → (　　) ⓮ 圓 → (　　) ⓯ 歲 → (　　)

(2) 병음과 음, 뜻을 보고 간체자를 써보세요.

❶ yù 미리 예 (　　) 미리, 사전에　　❷ kuàng 쇳돌 광 (　　) 광산, 광물

❸ gāng 굳셀 강 (　　) 굳세다, 강건하다　　❹ yǔ 말씀 어 (　　) 말, 언어, 말하다

❺ gòu 얽을 구 (　　) 건설하다, 결성하다　　❻ xiāng 시골 향 (　　) 시골, 고향

❼ huà 그림 화 (　　) 그림, 그림 그리다　　❽ mài 팔 매 (　　) 팔다, 판매하다

❾ wèi 지킬 위 (　　) 지키다, 보위하다　　❿ wù 끊을 절 (　　) 끊다, 단절하다

⓫ yào 약 약 (　　) 약, 약물, 약품　　⓬ huò 재화 화 (　　) 화폐, 돈, 화물

⓭ huò 얻을 획 (　　) 얻다, 획득하다　　⓮ shāng 다칠 상 (　　) 상처, 손상

⓯ jiǎn 덜 감 (　　) 덜다, 줄이다　　⓰ gǎn 달릴 간 (　　) 따라가다, 서두르다

⓱ zhōng 끝 종 (　　) 끝, 최후, 마침내　　⓲ sù 아뢸 소 (　　) 알리다, 하소연하다

⓳ yōu 뛰어날 우 (　　) 훌륭하다, 우수하다　　⓴ zá 섞일 잡 (　　) 뒤섞이다, 잡다하다

(3) 병음과 뜻을 보고 단어를 완성해서 써보세요.

❶ yéniáng	부모				
❷ zhǐzhāng	종이				
❸ liǎnzhí	얼굴, 안면				
❹ fànguǎn	식당, 음식점				
❺ dǐngdiǎn	정점, 꼭대기				
❻ hùnluàn	혼란, 혼란하다				
❼ zhūwèi	제위, 여러분				
❽ ěrhuán	귀고리				
❾ nínmen	당신들, 여러분				
❿ zhěngqí	정제, 단정하다				

(4) 다음의 빈칸을 완성해 보세요.

❶ dān		擔		짊어지다, 담당하다
❷ qiáo	다리 교			다리, 교량
❸ tǎo		討		토론하다, 토벌하다
❹ píng	기댈 빙			기대다, 의지하다
❺ zhōng			钟	종, 시계, 시간

정답 (1) ❶宽 ❷财 ❸错 ❹归 ❺余 ❻读 ❼创 ❽置 ❾独 ❿闻 ⓫虫 ⓬仅 ⓭态 ⓮圆 ⓯岁 (2) ❶预 ❷矿 ❸刚 ❹语 ❺构 ❻乡 ❼画 ❽卖 ❾卫 ❿绝 ⓫药 ⓬货 ⓭获 ⓮伤 ⓯减 ⓰赶 ⓱终 ⓲诉 ⓳优 ⓴杂 (3) ❶爷娘 ❷纸张 ❸脸孔 ❹饭馆 ❺顶点 ❻混乱 ❼诸位 ❽耳环 ❾您们 ❿整齐 (4) ❶멜 담, 担 ❷橋, 桥 ❸칠 토, 讨 ❹憑, 凭 ❺종 종, 鐘

81

鲜 xiān/xiǎn 14획 鱼부

(鮮) 고울 선 ❶신선하다 / ❷(색채가) 선명하다 / ❸수산물 / ❹드물다(鮮 : 적을 선)
❶新鲜 xīnxiān 신선하다 / ❷鲜红 xiānhóng 선홍색 / ❸海鲜 hǎixiān 해산물 / ❹鲜有 xiǎnyǒu 희소하다

鲜 鲜

鲜鲜鲜鲜鲜鲜鲜鲜鲜鲜

壮 zhuàng 6획 士부

(壯) 씩씩할 장 ❶건장하다, 튼튼하다 / ❷웅장하다 / ❸강화하다
❶健壮 jiànzhuàng 건장하다 / ❷壮志 zhuàngzhì 웅대한 포부 / ❸壮阳 zhuàngyáng 양기를 북돋우다

壮 壮

壮 壮 壮 壮 壮 壮

戏 xì 6획 戈부

(戲) 놀 희 ❶놀이, 유희 / ❷놀리다, 조롱하다 / ❸희극, 연극
❶游戏 yóuxì 유희, 오락 / ❷戏弄 xìnòng 희롱하다 / ❸戏剧 xìjù 연극

戏 戏

戏 戏 戏 戏 戏 戏

述 shù 8획 辶부

(述) 말할 술 ❶진술하다, 말하다 / ❷따르다, 계승하다
❶论述 lùnshù 논술하다 / ❷绍述 shàoshù 계승 발전시키다

述 述

述 述 述 述 述 述 述 述

汉 hàn 5획 氵부

(漢) 나라 한 ❶남자, 사내 / ❷한족 / ❸은하
❶老汉 lǎohàn 노인, 노인장 / ❷汉语 hànyǔ 중국어 / ❸银汉 yínhàn 은하

汉 汉

汉 汉 汉 汉 汉

杀
shā
6획 木부

(殺) 죽일 살 ❶죽이다 / ❷싸우다 / ❸~해 죽겠다 / ❹매듭짓다, 종결하다
❶暗杀 ànshā 암살하다 / ❷杀退 shātuì 격퇴하다 / ❸笑杀人 xiàoshārén 웃겨 죽겠다 / ❹杀账 shāzhàng 결산하다

杀 杀

杀杀杀杀杀杀

恶
è / ě / wù
10획 心부

(惡) 악할 악 ❶악행, 악하다 / ❷구역질(恶:미워할 오) / ❸증오하다(恶:미워할 오)
❶罪恶 zuì'è 죄악 / ❷恶心 ěxīn 메스껍다, 역겹다 / ❸憎恶 zēngwù 증오하다

恶 恶

恶恶恶恶恶恶恶恶恶

评
píng
7획 讠부

(評) 품평할 평 ❶논평하다, 평론하다 / ❷판정하다, 심사하다
❶评论 pínglùn 평론하다 / ❷评选 píngxuǎn 심사하여 뽑다

评 评

评评评评评评评

检
jiǎn
11획 木부

(檢) 조사할 검 ❶검사하다, 점검하다 / ❷구속하다, 제약하다, 주의하다
❶检查 jiǎnchá 검사하다 / ❷检控 jiǎnkòng 조사하여 규제하다

检 检

检检检检检检检检检检检

范
fàn
8획 艹부

(範) 법 범 ❶모형, 주형 / ❷범위, 제한 / ❸본보기, 모범, 규칙
❶钱范 qiánfàn 동전의 주형 / ❷范围 fànwéi 범위 / ❸模范 mófàn 모범

范 范

范范范范范范范范

83

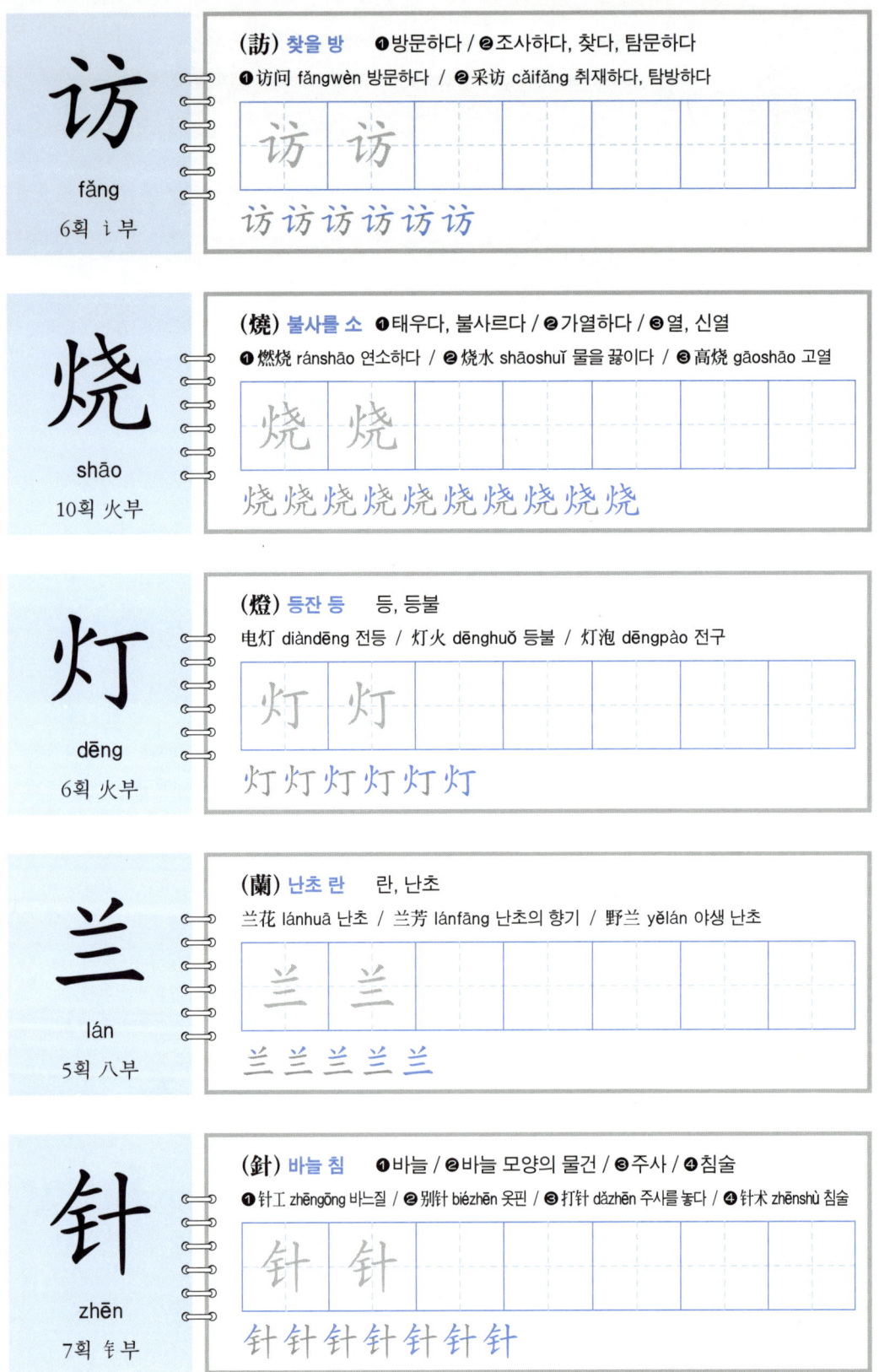

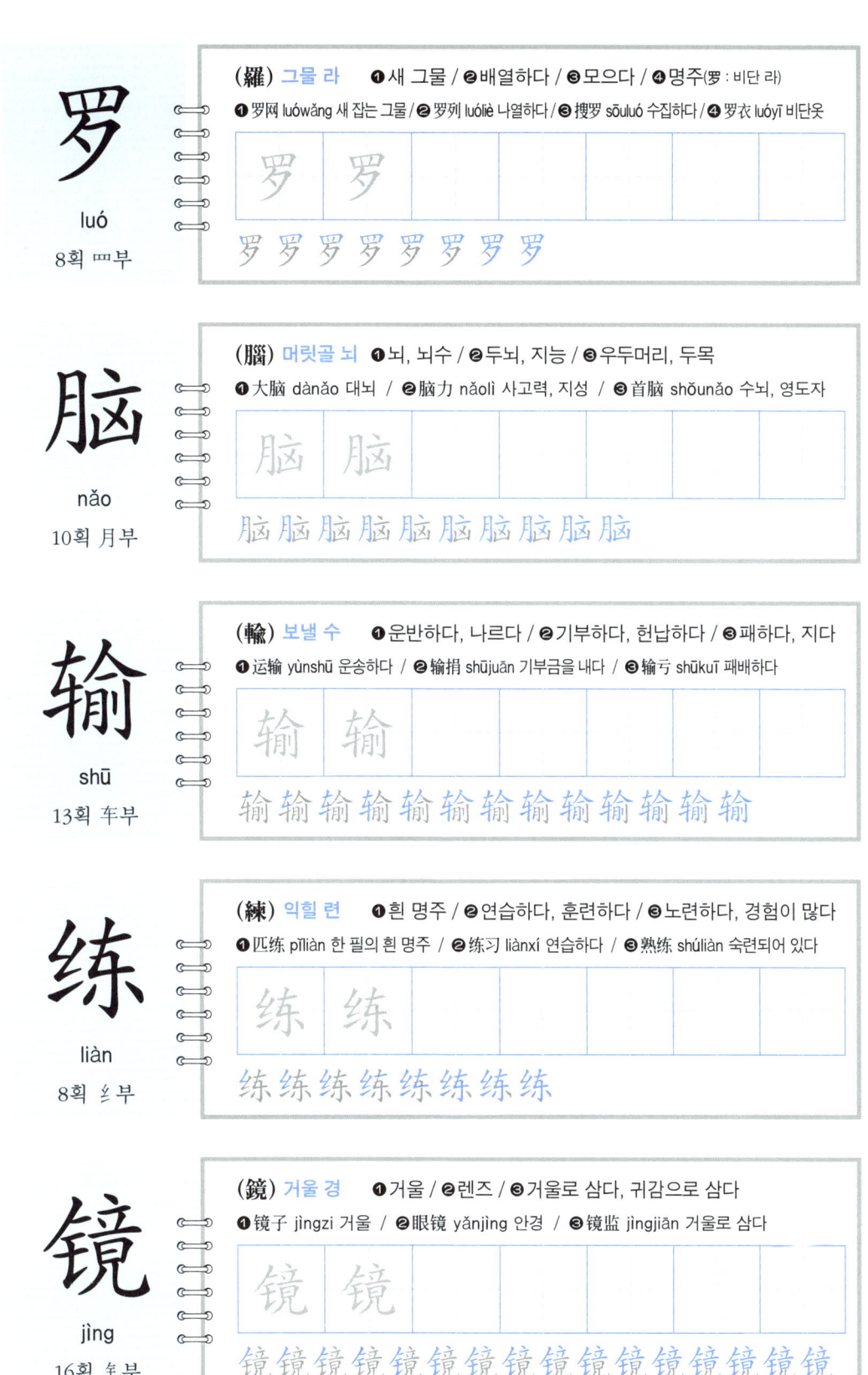

钢 gāng 9획 钅부

(鋼) 강철 강　강, 강철
钢骨 gānggǔ 철근 / 钢条 gāngtiáo 철근, 철봉 / 钢琴 gāngqín 피아노

钢 钢

钢钢钢钢钢钢钢钢钢

贵 guì 9획 贝부

(貴) 귀할 귀　❶비싸다 / ❷귀하다 / ❸지위가 높다 / ❹상대방과 관련된 것을 높여 부를 때
❶昂贵 ángguì 비싸다 / ❷贵重 guìzhòng 귀중하다 / ❸贵族 guìzú 귀족 / ❹贵姓 guìxìng 성함

贵 贵

贵贵贵贵贵贵贵贵贵

植 zhí 12획 木부

(植) 심을 식　❶심다, 재배하다 / ❷수립하다, 세우다 / ❸식물
❶种植 zhòngzhí 심다, 재배하다 / ❷植党 zhídǎng 당을 만들다 / ❸植物 zhíwù 식물

植 植

植植植植植植植植植植植植

丝 sī 5획 纟부

(絲) 실 사　❶생사, 견사 / ❷실처럼 가는 것 / ❸조금, 약간
❶丝带 sīdài 명주 끈 / ❷铁丝 tiěsī 철사, 철선 / ❸丝毫 sīháo 추호, 조금

丝 丝

丝丝丝丝丝

误 wù 9획 讠부

(誤) 그릇될 오　❶실수, 잘못 / ❷미루다, 늦추다 / ❸방해하다, 해를 끼치다
❶错误 cuòwù 잘못되다 / ❷误点 wùdiǎn 시간을 어기다 / ❸误人 wùrén 실수로 남에게 해를 끼치다

误 误

误误误误误误误误误

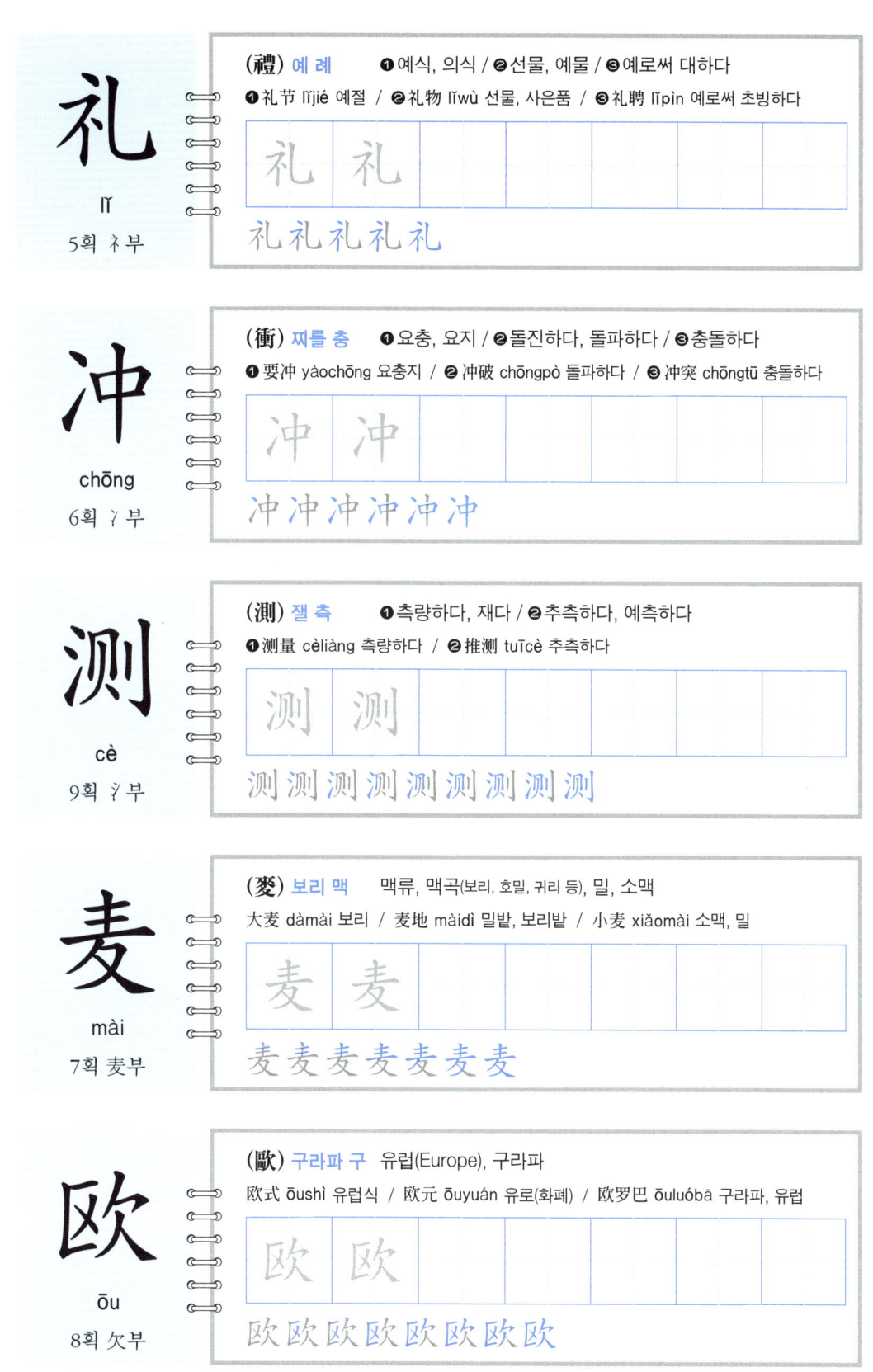

谢 xiè 12획 讠부

(謝) 사례할 사 ❶감사하다 / ❷사죄하다 / ❸거절하다 / ❹시들다, 떨어지다
❶感谢 gǎnxiè 감사하다 / ❷谢罪 xièzuì 사죄하다 / ❸谢辞 xiècí 사양하다 / ❹谢落 xièluò 시들어 떨어지다

谢谢谢谢谢谢谢谢谢谢谢

训 xùn 5획 讠부

(訓) 가르칠 훈 ❶가르치다, 꾸짖다 / ❷훈련하다 / ❸준칙, 표준 / ❹해석하다
❶教训 jiàoxùn 훈계하다 / ❷训练 xùnliàn 훈련하다 / ❸训条 xùntiáo 준칙 / ❹训释 xùnshì 해석하다

训训训训训

陈 chén 6획 阝부

(陣) 진 진 ❶진(군대의 대오) / ❷진지 / ❸짧은 시간, 한때 / ❹번, 차례
❶陈容 chénróng 진용 / ❷陈营 chényíng 진영 / ❸陈陈 chénchén 이따금 / ❹一陈 yīchén 한번

陈陈陈陈陈陈陈

馆 guǎn 11획 饣부

(館) 객사 관 집, 건물, 장소
饭馆 fànguǎn 식당, 음식점 / 旅馆 lǚguǎn 여관 / 博物馆 bówùguǎn 박물관

馆馆馆馆馆馆馆馆馆馆

险 xiǎn 9획 阝부

(險) 험할 험 ❶험하다 / ❷요새 / ❸위험하다 / ❹교활하다, 음흉하다
❶险峻 xiǎnjùn 험준하다 / ❷天险 tiānxiǎn 천연 요새 / ❸危险 wēixiǎn 위험하다 / ❹阴险 yīnxiǎn 음흉하다

险险险险险险险险

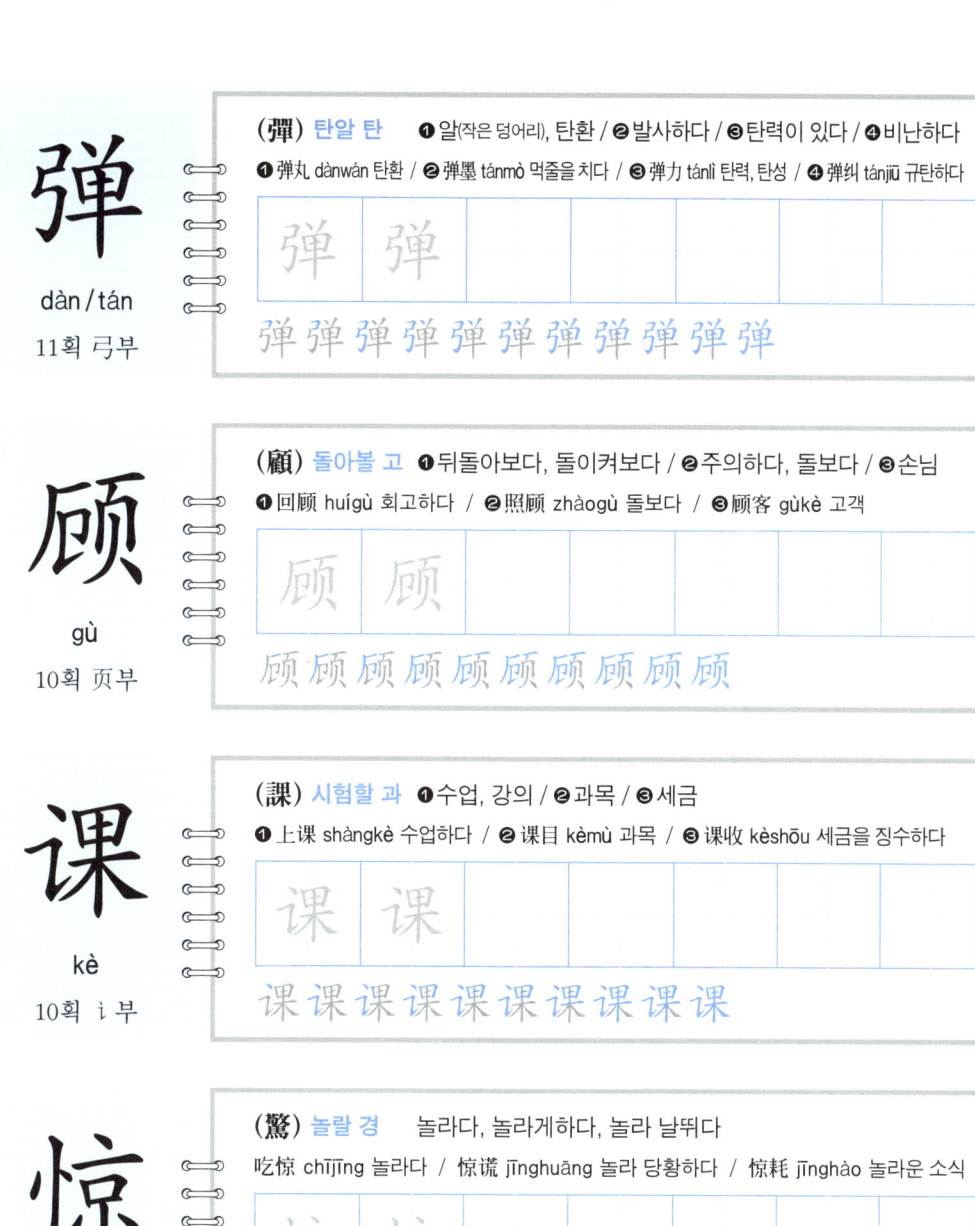

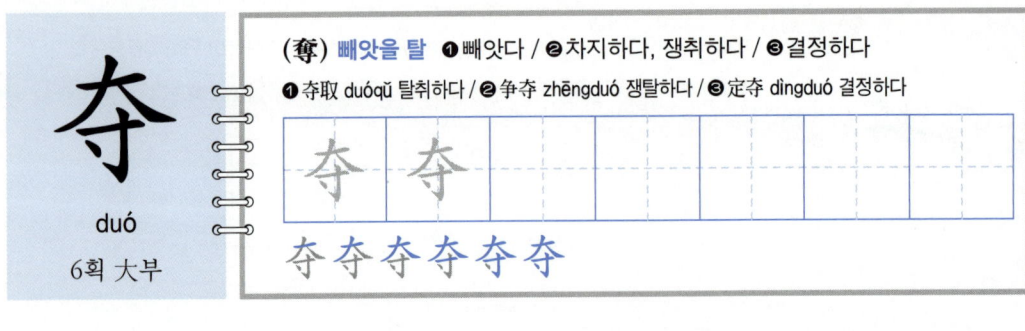

(奪) 빼앗을 탈　❶빼앗다 / ❷차지하다, 쟁취하다 / ❸결정하다
❶夺取 duóqǔ 탈취하다 / ❷争夺 zhēngduó 쟁탈하다 / ❸定夺 dìngduó 결정하다

夺
duó
6획 大부

夺夺夺夺夺夺

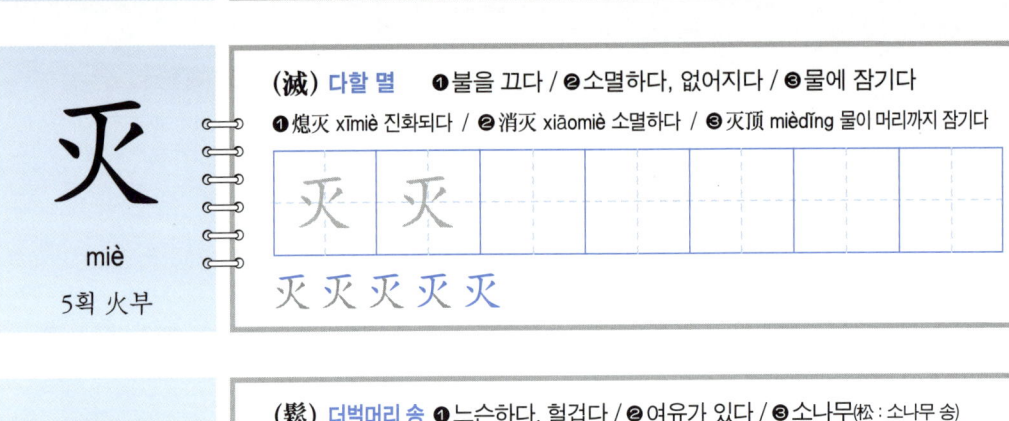

(滅) 다할 멸　❶불을 끄다 / ❷소멸하다, 없어지다 / ❸물에 잠기다
❶熄灭 xīmiè 진화되다 / ❷消灭 xiāomiè 소멸하다 / ❸灭顶 mièdǐng 물이 머리까지 잠기다

灭
miè
5획 火부

灭灭灭灭灭

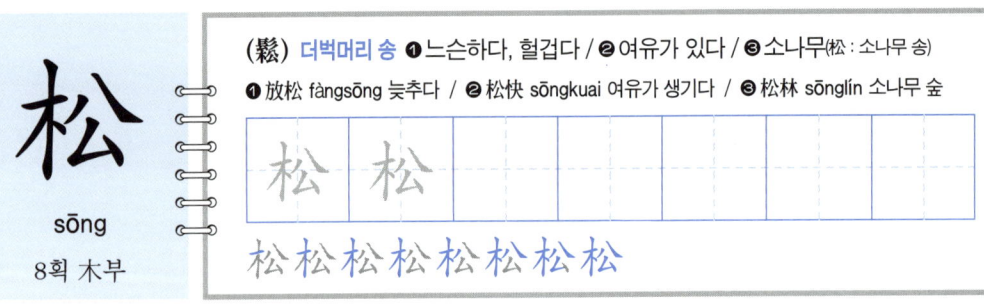

(鬆) 더벅머리 송　❶느슨하다, 헐겁다 / ❷여유가 있다 / ❸소나무(松 : 소나무 송)
❶放松 fàngsōng 늦추다 / ❷松快 sōngkuai 여유가 생기다 / ❸松林 sōnglín 소나무 숲

松
sōng
8획 木부

松松松松松松松松

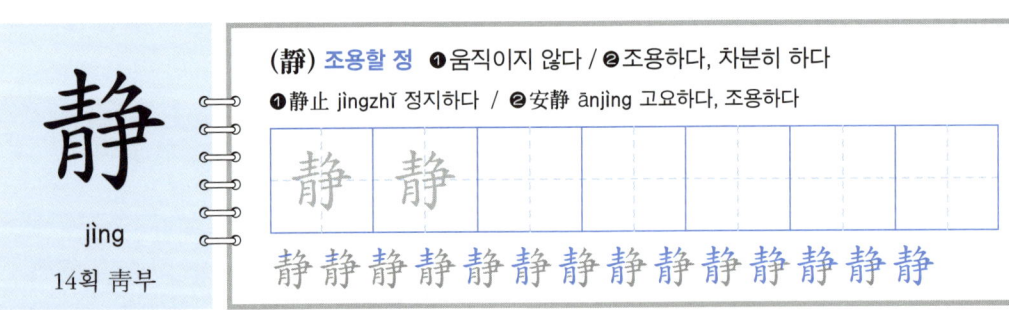

(靜) 조용할 정　❶움직이지 않다 / ❷조용하다, 차분히 하다
❶静止 jìngzhǐ 정지하다 / ❷安静 ānjìng 고요하다, 조용하다

静
jìng
14획 青부

静静静静静静静静静静静静静静

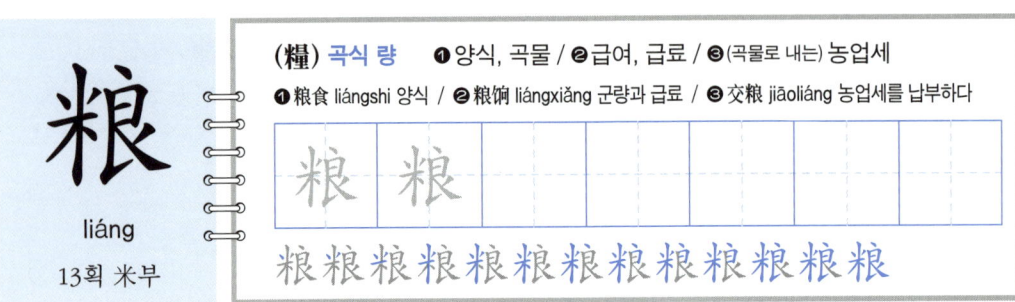

(糧) 곡식 량　❶양식, 곡물 / ❷급여, 급료 / ❸(곡물로 내는) 농업세
❶粮食 liángshi 양식 / ❷粮饷 liángxiǎng 군량과 급료 / ❸交粮 jiāoliáng 농업세를 납부하다

粮
liáng
13획 米부

粮粮粮粮粮粮粮粮粮粮粮粮粮

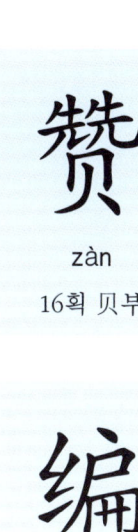

赞 zàn 16획 贝부

(贊) 도울 찬　❶돕다, 협력하다 / ❷칭찬하다, 찬양하다
❶赞助 zànzhù 찬조하다 / ❷称赞 chēngzàn 칭찬하다

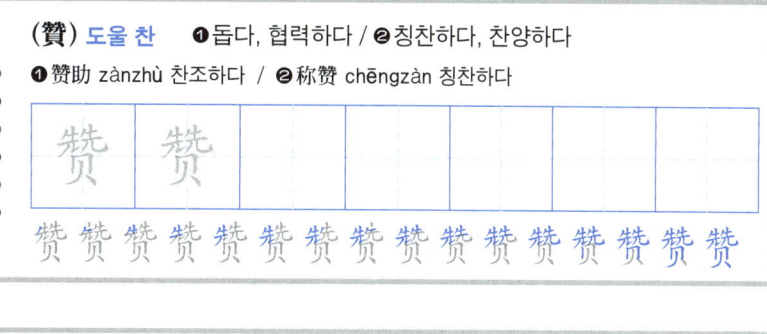

编 biān 12획 纟부

(編) 맬 편　❶엮다, 짜다 / ❷편집하다, 배열하다 / ❸창작하다 / ❹권, 편
❶编制 biānzhì 엮다 / ❷编辑 biānjí 편집하다 / ❸编戏 biānxì 각본을 쓰다 / ❹续编 xùbiān 속편

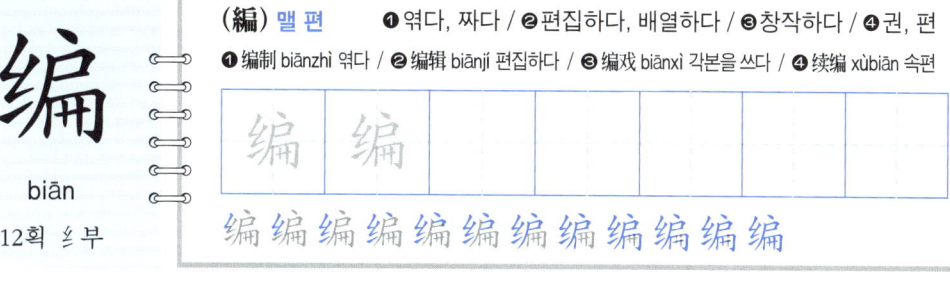

异 yì 6획 廾부

(異) 다를 이　❶다르다, 틀리다 / ❷이상하다 / ❸뛰어나다 / ❹헤어지다
❶异国 yìguó 이국, 타국 / ❷异常 yìcháng 이상하다 / ❸异才 yìcái 뛰어난 재능 / ❹离异 líyì 이혼하다

础 chǔ 10획 石부

(礎) 주춧돌 초　❶초석, 주춧돌, 머릿돌 / ❷사물의 기초 또는 토대
❶础石 chǔshí 초석, 주춧돌 / ❷基础 jīchǔ 기초, 토대

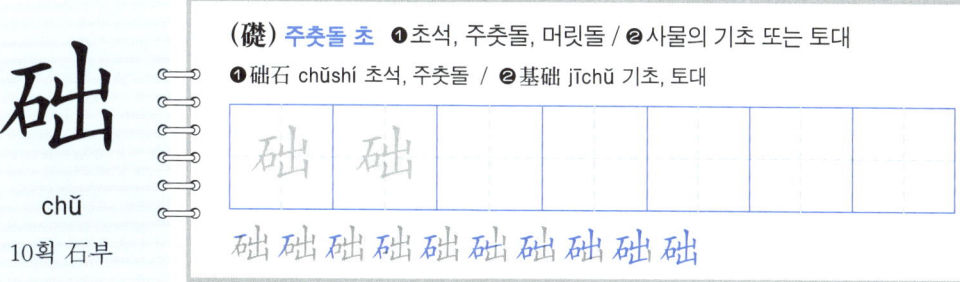

伟 wěi 6획 亻부

(偉) 클 위　❶뛰어나다, 훌륭하다 / ❷위대하다, 웅장하다, 크다
❶伟人 wěirén 위인 / ❷伟大 wěidà 위대하다

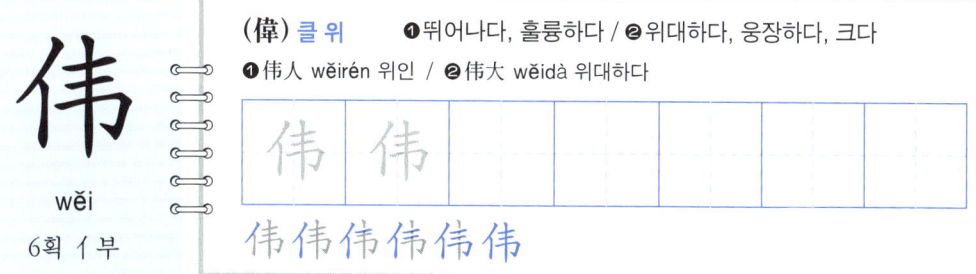

다시 익혀 볼까요?

(1) 다음의 번체자를 간체자로 바꿔보세요.

❶ 鮮 → (　　) ❷ 壯 → (　　) ❸ 戲 → (　　)

❹ 述 → (　　) ❺ 漢 → (　　) ❻ 殺 → (　　)

❼ 惡 → (　　) ❽ 評 → (　　) ❾ 檢 → (　　)

❿ 範 → (　　) ⓫ 訪 → (　　) ⓬ 燒 → (　　)

⓭ 燈 → (　　) ⓮ 蘭 → (　　) ⓯ 針 → (　　)

(2) 병음과 음, 뜻을 보고 간체자를 써보세요.

❶ luó 그물 라 (　　) 새 그물, 비단　　❷ nǎo 머릿골 뇌 (　　) 뇌, 두뇌, 지능

❸ shū 보낼 수 (　　) 운반하다, 나르다　　❹ liàn 익힐 련 (　　) 연습하다, 훈련하다

❺ jìng 거울 경 (　　) 거울, 렌즈　　❻ gāng 강철 강 (　　) 강, 강철

❼ guì 귀할 귀 (　　) 귀하다, 비싸다　　❽ zhí 심을 식 (　　) 심다, 재배하다

❾ sī 실 사 (　　) 실, 생사, 견사　　❿ wù 그릇될 오 (　　) 실수, 잘못

⓫ lǐ 예 례 (　　) 예식, 의식　　⓬ chōng 찌를 충 (　　) 요충, 충돌하다

⓭ cè 잴 측 (　　) 재다, 측량하다　　⓮ mài 보리 맥 (　　) 맥류, 맥곡, 소맥

⓯ ōu 구라파 구 (　　) 구라파, 유럽　　⓰ xiè 사례할 사 (　　) 감사하다, 사죄하다

⓱ xùn 가르칠 훈 (　　) 가르치다, 훈련하다　　⓲ chén 진 진 (　　) 진, 진지

⓳ guǎn 객사 관 (　　) 집, 건물, 장소　　⓴ xiǎn 험할 험 (　　) 험하다, 위험하다

(3) 병음과 뜻을 보고 단어를 완성해서 써보세요.

❶ dànwán	탄환, 총알				
❷ huígù	회고, 회고하다				
❸ kèmù	과목				
❹ jīnghuāng	경황, 놀라 당황하다				
❺ zhǐhuī	지휘, 지휘하다				
❻ duóqǔ	탈취, 탈취하다				
❼ xiāomiè	소멸, 소멸하다				
❽ fàngsōng	늦추다, 느슨하다				
❾ jìngzhǐ	정지, 정지하다				
❿ liángshi	양식, 곡식				

(4) 다음의 빈칸을 완성해 보세요.

❶ dān		贊		돕다, 협력하다
❷ qiáo	맬 편			엮다, 편집하다
❸ tǎo		異		다르다, 틀리다
❹ píng	주춧돌 초			초석, 주춧돌
❺ zhōng			伟	훌륭하다, 위대하다

정답 (1) ❶鲜 ❷壮 ❸戏 ❹述 ❺汉 ❻杀 ❼恶 ❽评 ❾检 ❿范 ⓫访 ⓬烧 ⓭灯 ⓮兰 ⓯针 (2) ❶罗 ❷脑 ❸输 ❹练 ❺镜 ❻钢 ❼贵 ❽植 ❾丝 ❿误 ⓫礼 ⓬冲 ⓭测 ⓮麦 ⓯欧 ⓰谢 ⓱训 ⓲陈 ⓳馆 ⓴险 (3) ❶弹丸 ❷回顾 ❸课目 ❹惊谎 ❺指挥 ❻夺取 ❼消灭 ❽放松 ❾静止 ❿粮食 (4) ❶도울 찬, 贊 ❷编, 编 ❸다를 이, 异 ❹礎, 础 ❺클 위, 偉

载
zài/zǎi
10획 车부

(載) 실을 재 ❶적재하다, 싣다 / ❷(길에) 가득 차다 / ❸기재하다, 게재하다
❶载满 zàimǎn 가득 싣다 / ❷载道 zàidào 거리에 넘치다 / ❸记载 jìzǎi 기재하다

载 载
载载载载载载载载

劲
jìn/jìng
8획 白부

(勁) 굳셀 경 ❶힘, 기운 / ❷사기, 활력 / ❸표정, 태도 / ❹힘세다, 강하다
❶使劲 shǐjìn 힘을 쓰다 / ❷心劲 xīnjìn 의욕 / ❸困劲 kùnjìn 졸음 / ❹强劲 qiángjìng 강하다

劲 劲
劲劲劲劲劲劲劲

闹
nào
8획 门부

(鬧) 시끄러울 료 ❶떠들썩하다 / ❷(감정을) 드러내다 / ❸(나쁜일이) 생기다
❶热闹 rènào 떠들썩하다 / ❷闹脾气 nàopíqi 화를 내다 / ❸闹事 nàoshì 사건을 일으키다

闹 闹
闹闹闹闹闹闹闹闹

园
yuán
7획 口부

(園) 동산 원 ❶밭 / ❷(관광, 오락 등을 위한) 공공 장소 / ❸묘원, 묘역
❶花园 huāyuán 꽃밭 / ❷公园 gōngyuán 공원 / ❸园陵 yuánlíng 왕릉

园 园
园园园园园园园

鸡
jī
7획 鸟부

(鷄) 닭 계   닭
公鸡 gōngjī 수탉 / 母鸡 mǔjī 암탉 / 鸡蛋 jīdàn 계란, 달걀

鸡 鸡
鸡鸡鸡鸡鸡鸡鸡

执
zhí
6획 扌부

(執) 잡을 집　❶잡다, 쥐다 / ❷우기다, 고집하다 / ❸집행하다 / ❹증서
❶执政 zhízhèng 집권하다 / ❷固执 gùzhí 고집스럽다 / ❸执行 zhíxíng 집행하다 / ❹执照 zhízhào 허가증

执 执 执 执 执 执

补
bǔ
7획 衤부

(補) 기울 보　❶보수하다, 깁다 / ❷보충하다, 메우다 / ❸이익, 도움, 쓸모
❶修补 xiūbǔ 보수하다 / ❷补充 bǔchōng 보충하다 / ❸补益 bǔyì 이익

补 补 补 补 补 补 补

孙
sūn
6획 子부

(孫) 손자 손　❶손자 / ❷후손 / ❸(한번 자른 뿌리나 그루터기에서 나오는) 움, 움돋이
❶孙子 sūnzi 손자 / ❷子孙 zǐsūn 자손, 후손 / ❸孙竹 sūnzhú 대나무 뿌리끝의 댓가지

孙 孙 孙 孙 孙 孙

丰
fēng
4획 丨부

(豊) 풍년 풍　❶풍족하다 / ❷탐스럽게 살쪄 아름답다 / ❸크다, 위대하다
❶丰富 fēngfù 풍부하다 / ❷丰采 fēngcǎi 풍채 / ❸丰伟 fēngwěi 크다, 건장하다

丰 丰 丰 丰

顺
shùn
9획 页부

(順) 순할 순　❶순조롭다 / ❷순종하다 / ❸차례로
❶顺手 shùnshǒu 순조롭다 / ❷归顺 guīshùn 귀순하다 / ❸顺次 shùncì 순서대로

顺 顺 顺 顺 顺 顺 顺 顺

宝
bǎo
8획 宀부

(寶) **보배 보** ❶보물, 보배 / ❷진귀하다 / ❸상대방에 대한 존칭
❶宝石 bǎoshí 보석 / ❷宝贵 bǎoguì 진귀하다 / ❸宝号 bǎohào 성함, 함자

宝宝宝宝宝宝宝宝

庄
zhuāng
6획 广부

(莊) **별장 장** ❶마을, 촌락 / ❷가게, 상점 / ❸상품, 물건 / ❹장중하다
❶村庄 cūnzhuāng 마을 / ❷布庄 bùzhuāng 포목점 / ❸庄稼 zhuāngjia 농작물 / ❹庄严 zhuāngyán 장엄하다

庄庄庄庄庄庄

录
lù
8획 彐부

(錄) **적을 록** ❶기재하다 / ❷녹음하다, 녹화하다 / ❸채택하다 / ❹기록한 것
❶记录 jìlù 기록하다 / ❷录音 lùyīn 녹음하다 / ❸录用 lùyòng 채용하다 / ❹目录 mùlù 목록

录录录录录录录录

妇
fù
6획 女부

(婦) **지어미 부** ❶부녀자, 여자 / ❷아내, 처 / ❸며느리
❶妇女 fùnǚ 부녀자 / ❷夫妇 fūfù 부부, 내외 / ❸媳妇 xífù 며느리, 자부

妇妇妇妇妇妇

2장 간체자 부록

부록 1. 수록된 간체자의 독음순 (가나다) 색인

부록 2. 수록된 간체자의 병음순 (알파벳) 색인

부록 3. 간체자 우선순위 1000자 (독음순) 목록

부록 4. 간체자 우선순위 1000자 (병음순) 목록

<부록1> 독음순 색인

ㄱ

가	값	价 jià	53
각	깨달을	觉 jué/jiào	40
간	달릴	赶 gǎn	76
간	사이	间 jiān	19
간	대쪽	简 jiǎn	66
감	살필	监 jiān	64
감	덜	减 jiǎn	75
강	굳셀	刚 gāng	73
강	강철	钢 gāng	86
강	이야기할	讲 jiǎng	47
개	낱	个 gè/ge	10
개	열	开 kāi	16
거	들	举 jǔ	40
거	의거할	据 jù	37
검	조사할	检 jiǎn	83
검	뺨	脸 liǎn	77
격	칠	击 jī	63
견	굳을	坚 jiān	60
견	볼	见 jiàn	15
결	맺을	结 jié	23
결	결단할	决 jué	27
경	날	经 jīng	13
경	놀랄	惊 jīng	89
경	굳셀	劲 jìn/jìng	94
경	거울	镜 jìng	85
경	가벼울	轻 qīng	64
계	닭	鸡 jī	94
계	셀	计 jì	55
계	이을	继 jì	65
계	층계	阶 jiē	27
계	이을	系 xì	26
고	돌아볼	顾 gù	89
과	지날	过 guò/guo	12
과	시험할	课 kè	89
관	빗장	关 guān	18
관	볼	观 guān	38
관	객사	馆 guǎn	88
관	너그러울	宽 kuān	70
광	넓을	广 guǎng	39
광	쇳돌	矿 kuàng	73
괴	무너질	坏 huài	65
괴	흙덩이	块 kuài	59
교	비교할	较 jiào	38
교	다리	桥 qiáo	79
구	얽을	构 gòu	73
구	옛날	旧 jiù	66
구	구라파	欧 ōu	87
구	지경	区 qū	28
국	나라	国 guó	10
군	군사	军 jūn	23
권	권세	权 quán	41
규	법	规 guī	43
극	다할	极 jí	31
근	겨우	仅 jǐn	72
급	줄	给 gěi/jǐ	24
급	등급	级 jí	22

98

기	틀	机 jī	··················	18
기	기미	几 jī/jǐ	··················	22
기	기록할	记 jì	··················	31
기	법	纪 jì	··················	60
기	기운	气 qì	··················	19
긴	긴할	紧 jǐn	··················	52
귀	돌아갈	归 guī	··················	70
귀	귀할	贵 guì	··················	86

ㄴ

난	어려울	难 nán/nàn	··················	34
농	농사	农 nóng	··················	25
뇌	머릿골	脑 nǎo	··················	85
니	당신	你 nǐ	··················	11
닌	당신	您 nín	··················	78

ㄷ

단	홑	单 dān	··················	41
단	끊을	断 duàn	··················	50
단	둥글	团 tuán	··················	38
달	통할	达 dá	··················	37
담	멜	担 dān/dàn	··················	79
담	이야기	谈 tán	··················	47
당	마땅할	当 dāng/dàng	··················	17
당	무리	党 dǎng	··················	23
대	띠	带 dài	··················	36
대	대답할	对 duì	··················	12
대	무리	队 duì	··················	24
대	대	台 tái	··················	51
도	이끌	导 dǎo	··················	34
도	그림	图 tú	··················	35
독	읽을	读 dú	··················	71
독	홀로	独 dú	··················	71
동	동녘	东 dōng	··················	25

동	움직일	动 dòng	··················	12
두	머리	头 tóu/tou	··················	17
등	등잔	灯 dēng	··················	84

ㄹ

라	그물	罗 luó	··················	85
락	즐거울	乐 lè/yuè	··················	58
란	난초	兰 lán	··················	84
란	어지러울	乱 luàn	··················	78
래	올	来 lái	··················	10
량	곡식	粮 liáng	··················	90
량	두	两 liǎng	··················	15
력	지낼	历 lì	··················	48
련	연할	联 lián	··················	31
련	익힐	练 liàn	··················	85
련	이을	连 lián	··················	39
령	거느릴	领 lǐng	··················	31
례	예	礼 lǐ	··················	87
로	수고할	劳 láo	··················	35
록	적을	录 lù	··················	96
론	논할	论 lùn	··················	24
료	시끄러울	闹 nào	··················	94
류	무리	类 lèi	··················	41
륜	바퀴	轮 lùn	··················	63
리	떠날	离 lí	··················	50
리	안	里 lǐ	··················	13

ㅁ

마	의문 조사	吗 ma	··················	49
마	어미	妈 mā	··················	61
마	말	马 mǎ	··················	29
마	그런가	么 me	··················	16
만	찰	满 mǎn	··················	55
만	일만	万 wàn	··················	26

매	살	买 mǎi	59	사	실	丝 sī	86
매	팔	卖 mài	74	사	베낄	写 xiě	50
맥	보리	麦 mài	87	사	사례할	谢 xiè	88
면	얼굴	面 miàn	13	산	낳을	产 chǎn	14
멸	다할	灭 miè	90	살	죽일	杀 shā	83
무	없을	无 wú	18	상	다칠	伤 shāng	75
무	힘쓸	务 wù	30	상	모양	状 zhuàng	59
문	들	们 men	10	새	굿할	赛 sài	53
문	문	门 mén	15	서	글	书 shū	29
문	들을	闻 wén	71	선	고울	鲜 xiān/xiǎn	82
문	물을	问 wèn	24	선	실	线 xiàn	26
				선	가릴	选 xuǎn	49
				설	베풀	设 shè	30

ㅂ

				설	말씀	说 shuō	11
반	밥	饭 fàn	77	성	소리	声 shēng	27
발	필	发 fā/fà	12	세	기세	势 shì	49
방	도울	帮 bāng	34	세	해	岁 suì	72
방	찾을	访 fǎng	84	세	가늘	细 xì	51
범	법	范 fàn	83	소	불사를	烧 shāo	84
변	가	边 biān/bian	26	소	소생	苏 sū	52
병	나란히	并 bìng	30	소	아뢸	诉 sù	76
보	보배	宝 bǎo	96	속	무리	属 shǔ	66
보	알릴	报 bào	27	속	이을	续 xù	58
보	기울	补 bǔ	95	손	손자	孙 sūn	95
복	다시	复 fù	48	송	더벅머리	松 sōng	90
부	지어미	妇 fù	96	수	보낼	输 shū	85
부	질	负 fù	65	수	셀	数 shǔ/shù	25
비	갖출	备 bèi	46	수	나무	树 shù	46
비	날	飞 fēi	52	수	비록	虽 suī	54
비	쓸	费 fèi	58	수	따를	随 suí	58
빙	기댈	凭 píng	79	수	누구	谁 shéi	66
				수	모름지기	须 xū	43

ㅅ

				순	순할	顺 shùn	95
				술	꾀	术 shù	37
사	조사할	查 chá	58	술	말할	述 shù	82
사	스승	师 shī	42	습	익힐	习 xí	43

100

승 이길	胜 shèng	48
시 때	时 shí	11
시 시험할	试 shì	54
시 볼	视 shì	59
식 알	识 shí	40
식 심을	植 zhí	86
실 열매	实 shí	16
심 깊을	深 shēn	34
쌍 쌍	双 shuāng	53

ㅇ

아 아이	儿 ér	19
아 버금	亚 yà	48
악 악할	恶 è/ě/wù	83
압 누를	压 yā	40
애 사랑	爱 ài	39
야 아비	爷 yé	77
약 약	药 yào	75
약 묶을	约 yuē	42
양 오를	扬 yáng	63
양 볕	阳 yáng	61
양 기를	养 yǎng	54
양 사양할	让 ràng	62
양 모양	样 yàng	14
어 물고기	鱼 yú	54
어 말씀	语 yǔ	73
엄 엄할	严 yán	63
업 업	业 yè	17
여 남을	余 yú	70
여 줄	与 yǔ/yù	22
열 더울	热 rè	36
엽 잎	叶 yè	63
영 경영할	营 yíng	64
예 재주	艺 yì	67
예 미리	预 yù	73

오 그릇될	误 wù	86
온 따뜻할	温 wēn	52
우 뛰어날	优 yōu	76
운 구름	云 yún	67
운 옮길	运 yùn	28
원 둥글	圆 yuán	72
원 인원	员 yuán	22
원 동산	园 yuán	94
원 멀	远 yuǎn	51
원 바랄	愿 yuàn	59
위 행할	为 wéi/wèi	11
위 둘레	围 wéi	61
위 클	伟 wěi	91
위 지킬	卫 wèi	74
유 맬	维 wéi	62
은 은	银 yín	55
응 응할	应 yīng/yìng	19
의 의원	医 yī	65
의 옳을	义 yì	17
의 의논할	议 yì	29
이 다를	异 yì	91
인 알	认 rèn	35

ㅈ

자 재물	资 zī	25
잡 섞일	杂 zá	76
장 마당	场 cháng/chǎng	36
장 길	长 cháng/zhǎng	14
장 장차	将 jiāng/jiàng	22
장 펼	张 zhāng	39
장 꾸밀	装 zhuāng	42
장 별장	庄 zhuāng	96
장 씩씩할	壮 zhuàng	82
재 재물	财 cái	70
재 실을	载 zài/zǎi	94

쟁	다툴	争	zhēng	27	직	짤	织	zhī	47
저	이	这	zhè	10	직	구실	职	zhí	55
적	원수	敌	dí	62	직	곧을	直	zhí	30
적	쌓을	积	jī	47	진	진	陈	chén	88
적	맞을	适	shì	67	진	다할	尽	jìn	60
전	전할	传	chuán	46	진	나아갈	进	jìn	14
전	번개	电	diàn	16	진	참	真	zhēn	25
전	돈	钱	qián	46	질	바탕	质	zhì	31
전	싸울	战	zhàn	24	집	잡을	执	zhí	95
전	오로지	专	zhuān	41					
전	구를	转	zhuǎn/zhuàn	43					

大

절	마디	节	jié	46	차/거	수레	车	chē	29
절	끊을	绝	jué	74	착	섞일	错	cuò	70
점	점	点	diǎn	17	찬	도울	赞	zàn	91
점	번질	渐	jiān/jiàn	65	참	참가할	参	cān	47
정	꼭대기	顶	dǐng	77	창	헛간	厂	chǎng	48
정	조용할	静	jìng	90	창	비롯할	创	chuàng/chuāng	71
제	건널	济	jì	28	책	꾸짖을	责	zé	64
제	끝	际	jì	40	처	곳	处	chù/chǔ	35
제	가지런할	齐	qí	78	철	쇠	铁	tiě	49
제	표제	题	tí	23	청	청할	请	qǐng	39
제	지을	制	zhì	18	청	들을	听	tīng	28
제	모두	诸	zhū	78	체	몸	体	tǐ	18
조	고를	调	diào/tiáo	38	초	주춧돌	础	chǔ	91
조	가지	条	tiáo	26	총	거느릴	总	zǒng	23
조	짤	组	zǔ	29	충	찌를	冲	chōng	87
종	쫓을	从	cóng	15	충	벌레	虫	chóng	72
종	끝	终	zhōng	76	측	잴	测	cè	87
종	종	钟	zhōng	79	층	층	层	céng	61
종	씨	种	zhǒng/zhòng	13	치	값	值	zhí	62
준	허가할	准	zhǔn	49	치	둘	置	zhì	71
중	무리	众	zhòng	37	칙	법칙	则	zé	35
즉	곧	即	jí	41	친	친할	亲	qīn	36
증	증명할	证	zhèng	53	침	바늘	针	zhēn	84
지	다만	只	zhǐ/zhī	16	칭	일컬을	称	chēng	64
지	종이	纸	zhǐ	77					

ㅌ

탄	탄알	弹	dàn/tán	89
탈	빼앗을	夺	duó	90
태	모양	态	tài	72
토	칠	讨	tǎo	79
통	거느릴	统	tǒng	34
투	싸울	斗	dòu	36

ㅍ

파	파할	罢	bà	54
판	힘쓸	办	bàn	38
편	맬	编	biān	91
평	품평할	评	píng	83
표	표할	标	biāo	51
풍	바람	风	fēng	37
풍	풍년	丰	fēng	95

ㅎ

학	배울	学	xué	12
한	나라	汉	hàn	82
항	항목	项	xiàng	53
해	갖출	该	gāi	42
향	시골	乡	xiāng	74
향	울릴	响	xiǎng	60
허	허락할	许	xǔ	30
험	험할	险	xiǎn	88
험	증험할	验	yàn	43
현	지금	现	xiàn	15
현	고을	县	xiàn	50
현	밝을	显	xiǎn	66
협	합할	协	xié	67
호	이름	号	hào	42
호	지킬	护	hù	62
홍	붉을	红	hóng	55
화	화려할	华	huá	28
화	그림	画	huà	74
화	이야기	话	huà	19
화	재화	货	huò	75
확	굳을	确	què	51
환	돌아올	还	huán/hái	14
환	기뻐할	欢	huān	60
환	고리	环	huán	78
환	바꿀	换	huàn	67
황	하물며	况	kuàng	50
회	모일	会	huì	11
획	그을	划	huà/huá	61
획	얻을	获	huò	75
후	뒤	后	hòu	13
훈	가르칠	训	xùn	88
휘	휘두를	挥	huī	89
흥	일	兴	xīng/xìng	52
희	놀	戏	xì	82

<부록2> 병음순 색인

A

| 爱 ài | 애 사랑 | 39 |

B

罢 bà	파 파할	54
办 bàn	판 힘쓸	38
帮 bāng	방 도울	34
宝 bǎo	보 보배	96
报 bào	보 알릴	27
备 bèi	비 갖출	46
编 biān	편 맬	91
边 biān/bian	변 가	26
标 biāo	표 표할	51
并 bìng	병 나란히	30
补 bǔ	보 기울	95

C

财 cái	재 재물	70
参 cān	참 참가할	47
测 cè	측 잴	87
层 céng	층 층	61
查 chá	사 조사할	58
产 chǎn	산 낳을	14
场 cháng/chǎng	장 마당	36
长 cháng/zhǎng	장 길	14
厂 chǎng	창 헛간	48
车 chē	차/거 수레	29
陈 chén	진 진	88
称 chēng	칭 일컬을	64
冲 chōng	충 찌를	87
虫 chóng	충 벌레	72
础 chǔ	초 주춧돌	91
处 chù/chǔ	처 곳	35
传 chuán	전 전할	46
创 chuàng/chuāng	창 비롯할	71
从 cóng	종 쫓을	15
错 cuò	착 섞일	70

D

达 dá	달 통할	37
带 dài	대 띠	36
单 dān	단 홑	41
担 dān/dàn	담 멜	79
弹 dàn/tán	탄 탄알	89
当 dāng/dàng	당 마땅할	17
党 dǎng	당 무리	23
导 dǎo	도 이끌	34
灯 dēng	등 등잔	84
敌 dí	적 원수	62
点 diǎn	점 점	17
电 diàn	전 번개	16
调 diào/tiáo	조 고를	38
顶 dǐng	정 꼭대기	77
东 dōng	동 동녘	25
动 dòng	동 움직일	12
斗 dòu	투 싸울	36

104

读 dú	독 읽을	71
独 dú	독 홀로	71
断 duàn	단 끊을	50
对 duì	대 대답할	12
队 duì	대 무리	24
夺 duó	탈 빼앗을	90

E

| 恶 è/ě/wù | 악 악할 | 83 |
| 儿 ér | 아 아이 | 19 |

F

发 fā/fà	발 필	12
饭 fàn	반 밥	77
范 fàn	범 법	83
访 fǎng	방 찾을	84
飞 fēi	비 날	52
费 fèi	비 쓸	58
风 fēng	풍 바람	37
丰 fēng	풍 풍년	95
复 fù	복 다시	48
妇 fù	부 지어미	96
负 fù	부 질	65

G

该 gāi	해 갖출	42
赶 gǎn	간 달릴	76
刚 gāng	강 굳셀	73
钢 gāng	강 강철	86
个 gè/ge	개 낱	10
给 gěi/jǐ	급 줄	24
构 gòu	구 얽을	73
顾 gù	고 돌아볼	89
规 guī	규 법	43
归 guī	귀 돌아갈	70

贵 guì	귀 귀할	86
关 guān	관 빗장	18
观 guān	관 볼	38
馆 guǎn	관 객사	88
广 guǎng	광 넓을	39
国 guó	국 나라	10
过 guò/guo	과 지날	12

H

汉 hàn	한 나라	82
号 hào	호 이름	42
红 hóng	홍 붉을	55
后 hòu	후 뒤	13
护 hù	호 지킬	62
华 huá	화 화려할	28
画 huà	화 그림	74
话 huà	화 이야기	19
划 huà/huá	획 그을	61
坏 huài	괴 무너질	65
欢 huān	환 기뻐할	60
环 huán	환 고리	78
换 huàn	환 바꿀	67
还 huán/hái	환 돌아올	14
挥 huī	휘 휘두를	89
会 huì	회 모일	11
货 huò	화 재화	75
获 huò	획 얻을	75

J

击 jī	격 칠	63
鸡 jī	계 닭	94
机 jī	기 틀	18
积 jī	적 쌓을	47
极 jí	극 다할	31
级 jí	급 등급	22
即 jí	즉 곧	41

105

几 jī/jǐ	기 기미 · · · · · · · · · · · · · 22
计 jì	계 셀 · · · · · · · · · · · · · · · 55
继 jì	계 이을 · · · · · · · · · · · · · 65
记 jì	기 기록할 · · · · · · · · · · · 31
纪 jì	기 법 · · · · · · · · · · · · · · · 60
济 jì	제 건널 · · · · · · · · · · · · · 28
际 jì	제 끝 · · · · · · · · · · · · · · · 40
价 jià	가 값 · · · · · · · · · · · · · · · 53
间 jiān	간 사이 · · · · · · · · · · · · · 19
监 jiān	감 살필 · · · · · · · · · · · · · 64
坚 jiān	견 굳을 · · · · · · · · · · · · · 60
渐 jiān/jiàn	점 번질 · · · · · · · · · · · · · 65
简 jiǎn	간 대쪽 · · · · · · · · · · · · · 66
减 jiǎn	감 덜 · · · · · · · · · · · · · · · 75
检 jiǎn	검 조사할 · · · · · · · · · · · 83
见 jiàn	견 볼 · · · · · · · · · · · · · · · 15
将 jiāng/jiàng	장 장차 · · · · · · · · · · · · · 22
讲 jiǎng	강 이야기할 · · · · · · · · · 47
较 jiào	교 비교할 · · · · · · · · · · · 38
阶 jiē	계 층계 · · · · · · · · · · · · · 27
结 jié	결 맺을 · · · · · · · · · · · · · 23
节 jié	절 마디 · · · · · · · · · · · · · 46
仅 jǐn	근 겨우 · · · · · · · · · · · · · 72
紧 jǐn	긴 긴할 · · · · · · · · · · · · · 52
尽 jìn	진 다할 · · · · · · · · · · · · · 60
进 jìn	진 나아갈 · · · · · · · · · · · 14
劲 jìn/jìng	경 굳셀 · · · · · · · · · · · · · 94
经 jīng	경 날 · · · · · · · · · · · · · · · 13
惊 jīng	경 놀랄 · · · · · · · · · · · · · 89
镜 jìng	경 거울 · · · · · · · · · · · · · 85
静 jìng	정 조용할 · · · · · · · · · · · 90
旧 jiù	구 옛날 · · · · · · · · · · · · · 66
举 jǔ	거 들 · · · · · · · · · · · · · · · 40
据 jù	거 의거할 · · · · · · · · · · · 37
决 jué	결 결단할 · · · · · · · · · · · 27
绝 jué	절 끊을 · · · · · · · · · · · · · 74
觉 jué/jiào	각 깨달을 · · · · · · · · · · · 40
军 jūn	군 군사 · · · · · · · · · · · · · 23

K

开 kāi	개 열 · · · · · · · · · · · · · · · 16
课 kè	과 시험할 · · · · · · · · · · · 89
块 kuài	괴 흙덩이 · · · · · · · · · · · 59
宽 kuān	관 너그러울 · · · · · · · · · 70
矿 kuàng	광 쇳돌 · · · · · · · · · · · · · 73
况 kuàng	황 하물며 · · · · · · · · · · · 50

L

来 lái	래 올 · · · · · · · · · · · · · · · 10
兰 lán	란 난초 · · · · · · · · · · · · · 84
劳 láo	로 수고할 · · · · · · · · · · · 35
乐 lè/yuè	락 즐거울 · · · · · · · · · · · 58
类 lèi	류 무리 · · · · · · · · · · · · · 41
离 lí	리 떠날 · · · · · · · · · · · · · 50
礼 lǐ	례 예 · · · · · · · · · · · · · · · 87
里 lǐ	리 안 · · · · · · · · · · · · · · · 13
历 lì	력 지낼 · · · · · · · · · · · · · 48
连 lián	련 이을 · · · · · · · · · · · · · 39
联 lián	련 연할 · · · · · · · · · · · · · 31
脸 liǎn	검 뺨 · · · · · · · · · · · · · · · 77
练 liàn	련 익힐 · · · · · · · · · · · · · 85
粮 liáng	량 곡식 · · · · · · · · · · · · · 90
两 liǎng	량 두 · · · · · · · · · · · · · · · 15
领 lǐng	령 거느릴 · · · · · · · · · · · 31
录 lù	록 적을 · · · · · · · · · · · · · 96
乱 luàn	란 어지러울 · · · · · · · · · 78
论 lùn	론 논할 · · · · · · · · · · · · · 24
轮 lùn	륜 바퀴 · · · · · · · · · · · · · 63
罗 luó	라 그물 · · · · · · · · · · · · · 85

M

| 吗 ma | 마 의문 조사 · · · · · · · · · 49 |
| 妈 mā | 마 어미 · · · · · · · · · · · · · 61 |

106

马 mǎ	마 말	29
买 mǎi	매 살	59
卖 mài	매 팔	74
麦 mài	맥 보리	87
满 mǎn	만 찰	55
么 me	마 그런가	16
们 men	문 들	10
门 mén	문 문	15
面 miàn	면 얼굴	13
灭 miè	멸 다할	90

N

难 nán/nàn	난 어려울	34
脑 nǎo	뇌 머릿골	85
闹 nào	료 시끄러울	94
你 nǐ	니 당신	11
您 nín	닌 당신	78
农 nóng	농 농사	25

O

| 欧 ōu | 구 구라파 | 87 |

P

| 凭 píng | 빙 기댈 | 79 |
| 评 píng | 평 품평할 | 83 |

Q

齐 qí	제 가지런할	78
气 qì	기 기운	19
钱 qián	전 돈	46
桥 qiáo	교 다리	79
亲 qīn	친 친할	36
轻 qīng	경 가벼울	64
请 qǐng	청 청할	39

区 qū	구 지경	28
权 quán	권 권세	41
确 què	확 굳을	51

R

让 ràng	양 사양할	62
热 rè	열 더울	36
认 rèn	인 알	35

S

赛 sài	새 굿할	53
杀 shā	살 죽일	83
伤 shāng	상 다칠	75
烧 shāo	소 불사를	84
设 shè	설 베풀	30
谁 shéi	수 누구	66
深 shēn	심 깊을	34
声 shēng	성 소리	27
胜 shèng	승 이길	48
师 shī	사 스승	42
时 shí	시 때	11
识 shí	식 알	40
实 shí	실 열매	16
势 shì	세 기세	49
试 shì	시 시험할	54
视 shì	시 볼	59
适 shì	적 맞을	67
书 shū	서 글	29
输 shū	수 보낼	85
属 shǔ	속 무리	66
数 shǔ/shù	수 셀	25
树 shù	수 나무	46
术 shù	술 꾀	37
述 shù	술 말할	82
双 shuāng	쌍 쌍	53
顺 shùn	순 순할	95

说 shuō	설 말씀	11
丝 sī	사 실	86
松 sōng	송 더벅머리	90
苏 sū	소 소생	52
诉 sù	소 아뢸	76
虽 suī	수 비록	54
随 suí	수 따를	58
岁 suì	세 해	72
孙 sūn	손 손자	95

T

台 tái	대 대	51
态 tài	태 모양	72
谈 tán	담 이야기	47
讨 tǎo	토 칠	79
题 tí	제 표제	23
体 tǐ	체 몸	18
条 tiáo	조 가지	26
铁 tiě	철 쇠	49
听 tīng	청 들을	28
头 tóu/tou	두 머리	17
统 tǒng	통 거느릴	34
图 tú	도 그림	35
团 tuán	단 둥글	38

W

万 wàn	만 일만	26
维 wéi	유 맬	62
围 wéi	위 둘레	61
为 wéi/wèi	위 행할	11
伟 wěi	위 클	91
卫 wèi	위 지킬	74
温 wēn	온 따뜻할	52
闻 wén	문 들을	71
问 wèn	문 물을	24
无 wú	무 없을	18

务 wù	무 힘쓸	30
误 wù	오 그릇될	86

X

习 xí	습 익힐	43
戏 xì	희 놀	82
系 xì	계 이을	26
细 xì	세 가늘	51
鲜 xiān/xiǎn	선 고울	82
显 xiǎn	현 밝을	66
线 xiàn	선 실	26
现 xiàn	현 지금	15
险 xiǎn	험 험할	88
县 xiàn	현 고을	50
乡 xiāng	향 시골	74
响 xiǎng	향 울릴	60
项 xiàng	항 항목	53
写 xiě	사 베낄	50
协 xié	협 합할	67
谢 xiè	사 사례할	88
兴 xīng/xìng	흥 일	52
须 xū	수 모름지기	43
许 xǔ	허 허락할	30
续 xù	속 이을	58
选 xuǎn	선 가릴	49
学 xué	학 배울	12
训 xùn	훈 가르칠	88

Y

压 yā	압 누를	40
亚 yà	아 버금	48
严 yán	엄 엄할	63
验 yàn	험 증험할	43
扬 yáng	양 오를	63
阳 yáng	양 볕	61
养 yǎng	양 기를	54

样	yàng	양	모양 · · · · · · · · ·	14	这	zhè	저	이 · · · · · · · · · · 10
药	yào	약	약 · · · · · · · · · ·	75	针	zhēn	침	바늘 · · · · · · · · 84
爷	yé	야	아비 · · · · · · · ·	77	真	zhēn	진	참 · · · · · · · · · · 25
叶	yè	엽	잎 · · · · · · · · · ·	63	争	zhēng	쟁	다툴 · · · · · · · · 27
业	yè	업	업 · · · · · · · · · ·	17	证	zhèng	증	증명할 · · · · · · 53
医	yī	의	의원 · · · · · · · ·	65	织	zhī	직	짤 · · · · · · · · · · 47
义	yì	의	옳을 · · · · · · · ·	17	职	zhí	직	구실 · · · · · · · · 55
议	yì	의	의논할 · · · · · ·	29	直	zhí	직	곧을 · · · · · · · · 30
异	yì	이	다를 · · · · · · · ·	91	植	zhí	식	심을 · · · · · · · · 86
艺	yì	예	재주 · · · · · · · ·	67	执	zhí	집	잡을 · · · · · · · · 95
银	yín	은	은 · · · · · · · · · ·	55	值	zhí	치	값 · · · · · · · · · · 62
应	yīng / yìng	응	응할 · · · · · · · ·	19	只	zhǐ / zhī	지	다만 · · · · · · · · 16
营	yíng	영	경영할 · · · · · ·	64	纸	zhǐ	지	종이 · · · · · · · · 77
优	yōu	우	뛰어날 · · · · · ·	76	质	zhì	질	바탕 · · · · · · · · 31
鱼	yú	어	물고기 · · · · · ·	54	制	zhì	제	지을 · · · · · · · · 18
余	yú	여	남을 · · · · · · · ·	70	置	zhì	치	둘 · · · · · · · · · · 71
语	yǔ	어	말씀 · · · · · · · ·	73	终	zhōng	종	끝 · · · · · · · · · · 76
与	yǔ / yù	여	줄 · · · · · · · · · ·	22	钟	zhōng	종	종 · · · · · · · · · · 79
预	yù	예	미리 · · · · · · · ·	73	种	zhǒng / zhòng	종	씨 · · · · · · · · · · 13
圆	yuán	원	둥글 · · · · · · · ·	72	众	zhòng	중	무리 · · · · · · · · 37
员	yuán	원	인원 · · · · · · · ·	22	诸	zhū	제	모두 · · · · · · · · 78
园	yuán	원	동산 · · · · · · · ·	94	专	zhuān	전	오로지 · · · · · · 41
远	yuǎn	원	멀 · · · · · · · · · ·	51	转	zhuǎn / zhuàn	전	구를 · · · · · · · · 43
愿	yuàn	원	바랄 · · · · · · · ·	59	装	zhuāng	장	꾸밀 · · · · · · · · 42
约	yuē	약	묶을 · · · · · · · ·	42	庄	zhuāng	장	별장 · · · · · · · · 96
云	yún	운	구름 · · · · · · · ·	67	壮	zhuàng	장	씩씩할 · · · · · · 82
运	yùn	운	옮길 · · · · · · · ·	28	状	zhuàng	상	모양 · · · · · · · · 59
					准	zhǔn	준	허가할 · · · · · · 49
					总	zǒng	총	거느릴 · · · · · · 23
					组	zǔ	조	짤 · · · · · · · · · · 29

Z

杂	zá	잡	섞일 · · · · · · · · ·	76
载	zài / zǎi	재	실을 · · · · · · · · ·	94
赞	zàn	찬	도울 · · · · · · · · ·	91
责	zé	책	꾸짖을 · · · · · · ·	64
则	zé	칙	법칙 · · · · · · · · ·	35
资	zī	자	재물 · · · · · · · · ·	25
战	zhàn	전	싸울 · · · · · · · · ·	24
张	zhāng	장	펼 · · · · · · · · · · ·	39

<부록3> 우선순위 1000자 (독음순)

ㄱ

가	형	哥 gē	강	강	江 jiāng	경	경치	景 jǐng
가	노래	歌 gē	강	이야기할	讲 jiǎng	경	놀랄	惊 jīng
가	집	家 jiā	강	내릴	降 jiàng/xiáng	경	끝날	竟 jìng
가	더할	加 jiā	강	강할	强 qiáng/qiǎng	경	지경	境 jìng
가	거짓	假 jiǎ/jià	개	고칠	改 gǎi	경	굳셀	劲 jìn/jìng
가	시렁	架 jià	개	대개	概 gài	경	거울	镜 jìng
가	값	价 jià	개	낱	个 gè/ge	경	공경할	敬 jìng
가	옳을	可 kě	개	열	开 kāi	경	가벼울	轻 qīng
각	각각	各 gè	객	손	客 kè	계	닭	鸡 jī
각	뿔	角 jiǎo/jué	거	살	居 jū	계	셀	计 jì
각	다리	脚 jiǎo	거	들	举 jǔ	계	철	季 jì
각	깨달을	觉 jué/jiào	거	클	巨 jù	계	이을	继 jì
각	새길	刻 kè	거	의거할	据 jù	계	층계	阶 jiē
각	물리칠	却 què	거	갈	去 qù	계	지경	界 jiè
간	방패	干 gān/gàn	건	사건	件 jiàn	계	이을	系 xì
간	달릴	赶 gǎn	건	세울	建 jiàn	고	높을	高 gāo
간	사이	间 jiān	검	조사할	检 jiǎn	고	두드릴	搞 gǎo
간	간악할	奸 jiān	검	뺨	脸 liǎn	고	알릴	告 gào
간	대쪽	简 jiǎn	격	격식	格 gé	고	시어미	姑 gū
간	볼	看 kàn/kān	격	부딪칠	激 jī	고	옛	古 gǔ
감	느낄	感 gǎn	격	칠	击 jī	고	북	鼓 gǔ
감	어찌	敢 gǎn	견	굳을	坚 jiān	고	돌아볼	顾 gù
감	살필	监 jiān	견	볼	见 jiàn	고	굳을	固 gù
감	덜	减 jiǎn	결	맺을	结 jié	고	예	故 gù
강	굳셀	刚 gāng	결	결단할	决 jué	고	생각할	考 kǎo
강	강철	钢 gāng	결	이지러질	缺 quē	고	기댈	靠 kào
			경	고칠	更 gēng/gèng	고	쓸	苦 kǔ
			경	날	经 jīng	곡	곡할	哭 kū
			경	서울	京 jīng	곡	굽을	曲 qū/qǔ

110

곤	궁할	困 kùn	구	옛날	旧 jiù	기	재주	技 jì
골	뼈	骨 gǔ	구	구원할	救 jiù	기	법	纪 jì
공	공변될	公 gōng	구	갖출	具 jù	기	이미	既 jì
공	공로	功 gōng	구	귀절	句 jù	기	기수	奇 qí
공	장인	工 gōng	구	입	口 kǒu	기	기약할	期 qī
공	함께	共 gòng	구	구라파	欧 ōu	기	그	其 qí
공	이바지할	供 gēng/gòng	구	공	球 qiú	기	일어날	起 qǐ
공	빌	空 kōng/kòng	구	구할	求 qiú	기	도모할	企 qǐ
공	두려워할	恐 kǒng	구	지경	区 qū	기	기운	气 qì
공	구멍	孔 kǒng	국	나라	国 guó	기	그릇	器 qì
과	실과	果 guǒ	국	판	局 jú	기	김	汽 qì
과	지날	过 guò/guo	군	군사	军 jūn	긴	긴할	紧 jǐn
과	조목	科 kē	군	임금	君 jūn	귀	돌아갈	归 guī
과	시험할	课 kè	군	무리	群 qún	귀	귀할	贵 guì
관	빗장	关 guān	권	권세	权 quán			
관	벼슬	官 guān	규	법	规 guī		**ㄴ**	
관	볼	观 guān	규	부르짖을	叫 jiào			
관	피리	管 guǎn	균	고를	均 jūn	나	잡을	拿 ná
관	객사	馆 guǎn	극	다할	极 jí	나	어찌	哪 nǎ
관	너그러울	宽 kuān	극	이길	克 kè	나	어찌	那 nà
관	정성	款 kuǎn	근	뿌리	根 gēn	난	어려울	难 nán/nàn
광	빛	光 guāng	근	발꿈치	跟 gēn	남	사내	男 nán
광	넓을	广 guǎng	근	도끼	斤 jīn	남	남녘	南 nán
광	쇳돌	矿 kuàng	근	겨우	仅 jǐn	낭	어미	娘 niáng
괴	의심할	怪 guài	근	가까울	近 jìn	내	젖	奶 nǎi
괴	무너질	坏 huài	금	이제	今 jīn	내	안	内 nèi
괴	흙덩이	块 kuài	금	쇠	金 jīn	녀	계집	女 nǚ
교	사귈	交 jiāo	급	줄	给 gěi/jǐ	년	해	年 nián
교	가르칠	教 jiào/jiāo	급	등급	级 jí	념	생각할	念 niàn
교	비교할	较 jiào	급	급할	急 jí	노	힘쓸	努 nǔ
교	다리	桥 qiáo	급	미칠	及 jí	농	농사	农 nóng
교	학교	校 xiào/jiào	긍	즐길	肯 kěn	뇌	머릿골	脑 nǎo
구	얽을	构 gòu	기	틀	机 jī	능	능할	能 néng
구	많을	够 gòu	기	터	基 jī	니	소곤거릴	呢 ne
구	궁구할	究 jiū	기	기미	几 jǐ/jī	니	여승	尼 ní
구	아홉	九 jiǔ	기	몸	己 jǐ	니	당신	你 nǐ
구	오랠	久 jiǔ	기	기록할	记 jì	닌	당신	您 nín

ㄷ

다	많을	多	duō
단	홑	单	dān
단	다만	但	dàn
단	끝	端	duān
단	짧을	短	duǎn
단	끊을	断	duàn
단	구분	段	duàn
단	둥글	团	tuán
달	통할	达	dá
담	멜	担	dān/dàn
담	이야기	谈	tán
답	대답할	答	dá
당	마땅할	当	dāng/dàng
당	무리	党	dǎng
당	집	堂	táng
대	클	大	dà/dài
대	대신할	代	dài
대	띠	带	dài
대	기다릴	待	dài
대	대답할	对	duì
대	무리	队	duì
대	대	台	tái
덕	덕	德	dé
도	칼	刀	dāo
도	이끌	导	dǎo
도	넘어질	倒	dǎo/dào
도	이를	到	dào
도	길	道	dào
도	흔들	掉	diào
도	도읍	都	dōu/dū
도	법도	度	dù
도	뛸	跳	tiào
도	그림	图	tú
독	독	毒	dú
독	읽을	读	dú
독	홀로	独	dú
돌	부딪칠	突	tū
동	동녘	东	dōng
동	겨울	冬	dōng
동	움직일	动	dòng
동	골	洞	dòng
동	같을	同	tóng
두	머리	头	tóu/tou
득	얻을	得	dé/děi/de
등	등잔	灯	dēng
등	오를	登	dēng
등	무리	等	děng

ㄹ

라	그물	罗	luó
락	떨어질	落	luò
락	즐거울	乐	lè/yuè
란	난초	兰	lán
란	어지러울	乱	luàn
랍	끌	拉	lā
랍	어조사	啦	lā
래	올	来	lái
랭	찰	冷	lěng
략	간략할	略	lüè
량	어질	良	liáng
량	곡식	粮	liáng
량	두	两	liǎng
량	밝을	亮	liàng
량	헤아릴	量	liàng/liáng
려	나그네	旅	lǚ
력	힘	力	lì
력	지낼	历	lì
련	연할	联	lián
련	익힐	练	liàn
련	이을	连	lián
렬	굳셀	烈	liè
렬	줄	列	liè
령	떨어질	零	líng
령	거느릴	领	lǐng
령	명령할	令	lìng
령	딴	另	lìng
례	예	礼	lǐ
례	본보기	例	lì
로	늙을	老	lǎo
로	수고할	劳	láo
로	이슬	露	lù
로	길	路	lù
록	적을	录	lù
론	논할	论	lùn
롱	희롱할	弄	nòng
료	마칠	了	liǎo/le
료	헤아릴	料	liào
료	시끄러울	闹	nào
류	무리	类	lèi
류	머무를	留	liú
류	흐를	流	liú
륙	여섯	六	liù
륜	바퀴	轮	lún
률	법	律	lǜ
리	떠날	离	lí
리	오얏	李	lǐ
리	안	里	lǐ
리	다스릴	理	lǐ
리	이로울	利	lì
림	수풀	林	lín
립	설	立	lì

ㅁ

마	의문 조사	吗	ma
마	어미	妈	mā
마	말	马	mǎ

마	그런가	么	me	미	아름다울	美	měi	병	나란히	并	bìng
마	갈	磨	mó/mò	미	아닐	未	wèi	병	병	病	bìng
만	찰	满	mǎn	미	쌀	米	mǐ	병	병	瓶	píng
만	게으를	慢	màn	미	작을	微	wēi	보	보배	宝	bǎo
만	늦을	晚	wǎn	미	맛	味	wèi	보	보전할	保	bǎo
만	일만	万	wàn	민	백성	民	mín	보	알릴	报	bào
망	바쁠	忙	máng	밀	빽빽할	密	mì	보	기울	补	bǔ
망	바라볼	望	wàng					보	걸을	步	bù
매	살	买	mǎi					보	넓을	普	pǔ
매	팔	卖	mài		**ㅂ**			복	복	福	fú
매	매양	每	měi					복	옷	服	fú
매	누이	妹	mèi	반	일반	般	bān	복	다시	复	fù
맥	보리	麦	mài	반	나눌	班	bān	본	근본	本	běn
맹	사나울	猛	měng	반	반	半	bàn	봉	봉할	封	fēng
면	목화	棉	mián	반	돌이킬	反	fǎn	부	나눌	部	bù
면	면할	免	miǎn	반	밥	饭	fàn	부	아닐	否	fǒu
면	얼굴	面	miàn	발	필	发	fā/fà	부	지아비	夫	fū
멸	다할	灭	miè	방	도울	帮	bāng	부	고을	府	fǔ
명	이름	名	míng	방	모	方	fāng	부	지어미	妇	fù
명	밝을	明	míng	방	방	房	fáng	부	아비	父	fù
명	목숨	命	mìng	방	막을	防	fáng	부	넉넉할	富	fù
모	털	毛	máo	방	찾을	访	fǎng	부	질	负	fù
모	법	模	mó/mú	방	놓을	放	fàng	부	버금	副	fù
모	아무	某	mǒu	방	곁	旁	páng	부	줄	付	fù
모	어미	母	mǔ	배	등	背	bēi/bèi	북	북녘	北	běi/bèi
목	나무	木	mù	배	늘어설	排	pái	분	향내날	芬	fēn
목	눈	目	mù	배	북돋울	培	péi	분	나눌	分	fēn
몰	빠질	没	méi/mò	배	짝	配	pèi	분	가루	粉	fěn
무	없을	无	wú	백	흰	白	bái	불	아니	不	bù/bú
무	군셀	武	wǔ	백	일백	百	bǎi	붕	벗	朋	péng
무	힘쓸	务	wù	번	날	翻	fān	비	갖출	备	bèi
문	들	们	men	범	법	范	fàn	비	견줄	比	bǐ
문	문	门	mén	범	범할	犯	fàn	비	아닐	非	fēi
문	들을	闻	wén	법	법	法	fǎ	비	날	飞	fēi
문	글월	文	wén	변	가	边	biān/bian	비	살질	肥	féi
문	물을	问	wèn	변	나눌	辨	biàn	비	쓸	费	fèi
물	물건	物	wù	별	다를	别	bié	비	칠	批	pī
				병	군사	兵	bīng				

빙	기댈	凭	píng	상	서로	相	xiāng	소	바	所	suǒ
				상	생각할	想	xiǎng	소	사라질	消	xiāo
				상	모양	像	xiàng	소	작을	小	xiǎo

人

사	조사할	查	chá	상	코끼리	象	xiàng	소	웃을	笑	xiào
사	쏠	射	shè	상	모양	状	zhuàng	속	무리	属	shǔ
사	모일	社	shè	새	굿할	赛	sài	속	묶을	束	shù
사	스승	师	shī	색	색	色	sè	속	빠를	速	sù
사	부릴	使	shǐ	생	날	生	shēng	속	이을	续	xù
사	역사	史	shǐ	서	글	书	shū	손	손자	孙	sūn
사	일	事	shì	서	쥐	鼠	shǔ	솔	거느릴	率	shuài/lǜ
사	선비	士	shì	서	서녘	西	xī	송	더벅머리	松	sōng
사	희롱할	耍	shuǎ	석	돌	石	shí	송	보낼	送	sòng
사	맡을	司	sī	석	자리	席	xí	수	거둘	收	shōu
사	생각할	思	sī	선	배	船	chuán	수	손	手	shǒu
사	이	斯	sī	선	착할	善	shàn	수	머리	首	shǒu
사	실	丝	sī	선	먼저	先	xiān	수	지킬	守	shǒu
사	죽을	死	sǐ	선	고울	鲜	xiān/xiǎn	수	받을	受	shòu
사	같을	似	sì	선	실	线	xiàn	수	보낼	输	shū
사	넉	四	sì	선	베풀	宣	xuān	수	셀	数	shǔ/shù
사	적을	些	xiē	선	가릴	选	xuǎn	수	나무	树	shù
사	베낄	写	xiě	설	베풀	设	shè	수	비록	虽	suī
사	사례할	谢	xiè	설	말씀	说	shuō	수	따를	随	suí
삭	깎을	削	xuē/xiāo	성	이룰	成	chéng	수	누구	谁	shéi
산	낳을	产	chǎn	성	성	城	chéng	수	물	水	shuǐ
산	흩을	散	sàn	성	소리	声	shēng	수	잠잘	睡	shuì
산	뫼	山	shān	성	살필	省	xǐng/shěng	수	닦을	修	xiū
산	초	酸	suān	성	별	星	xīng	수	구할	需	xū
산	셀	算	suàn	성	성품	性	xìng	수	모름지기	须	xū
살	죽일	杀	shā	세	기세	势	shì	수	이룰	遂	suì
삼	석	三	sān	세	인간	世	shì	숙	익을	熟	shú
상	항상	常	cháng	세	해	岁	suì	순	순할	顺	shùn
상	평상	床	chuáng	세	가늘	细	xì	술	꾀	术	shù
상	다칠	伤	shāng	소	불사를	烧	shāo	술	말할	述	shù
상	장사	商	shāng	소	적을	少	shǎo/shào	습	익힐	习	xí
상	숭상할	尚	shàng	소	소생	苏	sū	승	받들	承	chéng
상	위	上	shàng	소	횔	素	sù	승	오를	升	shēng
				소	아뢸	诉	sù	승	이길	胜	shèng

시	베풀	施 shī	안	누를	按 àn	영	경영할	营 yíng
시	때	时 shí	안	책상	案 àn	영	그림자	影 yǐng
시	처음	始 shǐ	안	눈	眼 yǎn	영	길	永 yǒng
시	옳을	是 shì	암	어두울	暗 àn	예	재주	艺 yì
시	저자	市 shì	압	누를	压 yā	예	미리	预 yù
시	보일	示 shì	앙	가운데	央 yāng	오	낮	午 wǔ
시	시험할	试 shì	애	사랑	爱 ài	오	다섯	五 wǔ
시	볼	视 shì	액	즙	液 yè	오	그릇될	误 wù
식	먹을	食 shí	야	아비	爷 yé	옥	집	屋 wū
식	법	式 shì	야	어조사	也 yě	옥	옥	玉 yù
식	알	识 shí	야	들	野 yě	온	따뜻할	温 wēn
식	숨쉴	息 xī	야	밤	夜 yè	완	희롱할	玩 wán
식	심을	植 zhí	약	같을	若 ruò	완	완전할	完 wán
신	몸	身 shēn	약	약	药 yào	왕	임금	王 wáng
신	귀신	神 shén	약	묶을	约 yuē	왕	갈	往 wǎng
신	새	新 xīn	양	바다	洋 yáng	외	밖	外 wài
신	믿을	信 xìn	양	오를	扬 yáng	요	구할	要 yào/yāo
신	빠를	迅 xùn	양	볕	阳 yáng	용	얼굴	容 róng
실	잃을	失 shī	양	기를	养 yǎng	용	쓸	用 yòng
실	열매	实 shí	양	사양할	让 ràng	우	소	牛 niú
실	집	室 shì	양	모양	样 yàng	우	뛰어날	优 yōu
심	깊을	深 shēn	어	물고기	鱼 yú	우	더욱	尤 yóu
심	심할	甚 shèn	어	말씀	语 yǔ	우	벗	友 yǒu
심	마음	心 xīn	언	말씀	言 yán	우	또	又 yòu
십	열사람	什 shén	엄	엄할	严 yán	우	오른	右 yòu
십	열	十 shí	업	업	业 yè	우	어조사	于 yú
쌍	쌍	双 shuāng	여	같을	如 rú	우	비	雨 yǔ
			여	남을	余 yú	우	만날	遇 yù
			여	줄	与 yǔ/yù	운	구름	云 yún
			연	그러할	然 rán	운	옮길	运 yùn
아	언덕	阿 ē	연	연기	烟 yān	원	둥글	圆 yuán
아	어조사	啊 ā/á/ǎ/à	연	흐를	演 yǎn	원	인원	员 yuán
아	아이	儿 ér	연	갈	研 yán/yàn	원	근원	原 yuán
아	나	我 wǒ	열	더울	热 rè	원	으뜸	元 yuán
아	버금	亚 yà	엽	잎	叶 yè	원	근원	源 yuán
악	악할	恶 è/ě/wù	영	꽃부리	英 yīng	원	동산	园 yuán
안	편안할	安 ān	영	맞이할	迎 yíng	원	멀	远 yuǎn

원	담	院	yuàn	인	사람	人	rén	저	밑	底	dǐ
원	바랄	愿	yuàn	인	알	认	rèn	저	막을	抵	dǐ
월	달	月	yuè	인	인할	因	yīn	저	누이	姐	jiě
월	넘을	越	yuè	인	끌	引	yǐn	저	이	这	zhè
위	위엄	威	wēi	인	도장	印	yìn	저	나타날	著	zhù
위	위태할	危	wēi	일	날	日	rì	적	과녁	的	de/dí/dì
위	행할	为	wéi/wèi	일	한	一	yī/yí/yì	적	원수	敌	dí
위	둘레	围	wéi	임	맡길	任	rèn	적	쌓을	积	jī
위	클	伟	wěi	입	들	入	rù	적	맞을	适	shì
위	맡길	委	wěi	잉	인할	仍	réng	전	전할	传	chuán
위	지킬	卫	wèi					전	번개	电	diàn
위	자리	位	wèi			ㅈ		전	앞	前	qián
유	말미암을	由	yóu					전	돈	钱	qián
유	기름	油	yóu	자	놈	者	zhě	전	온전할	全	quán
유	헤엄칠	游	yóu	자	재물	资	zī	전	밭	田	tián
유	있을	有	yǒu	자	아들	子	zǐ/zi	전	펼	展	zhǎn
유	맬	维	wéi	자	스스로	自	zì	전	싸울	战	zhàn
육	고기	肉	ròu	자	글	字	zì	전	오로지	专	zhuān
육	기를	育	yù	작	지을	作	zuò	전	구를	转	zhuǎn/zhuàn
은	은	银	yín	잡	섞일	杂	zá	절	마디	节	jié
은	은혜	恩	ēn	장	마당	场	cháng/chǎng	절	끊을	绝	jué
음	소리	音	yīn	장	길	长	cháng/zhǎng	절	끊을	切	qiē/qiè
응	응할	应	yīng/yìng	장	장차	将	jiāng/jiàng	점	점	点	diǎn
의	옷	衣	yī/yì	장	펼	张	zhāng	점	번질	渐	jiān/jiàn
의	의지할	依	yī	장	글	章	zhāng	점	차지할	占	zhān
의	의원	医	yī	장	손바닥	掌	zhǎng	접	접할	接	jiē
의	옳을	义	yì	장	꾸밀	装	zhuāng	정	한도	程	chéng
의	의논할	议	yì	장	별장	庄	zhuāng	정	꼭대기	顶	dǐng
의	뜻	意	yì	장	씩씩할	壮	zhuàng	정	정할	定	dìng
이	말이을	而	ér	재	재목	材	cái	정	찧을	精	jīng
이	두	二	èr	재	재주	才	cái	정	조용할	静	jìng
이	옮길	移	yí	재	재물	财	cái	정	뜻	情	qíng
이	써	以	yǐ	재	실을	载	zài/zǎi	정	멈출	停	tíng
이	이미	已	yǐ	재	있을	在	zài	정	가지런할	整	zhěng
이	다를	异	yì	재	다시	再	zài	정	바를	正	zhèng
이	쉬울	易	yì	쟁	다툴	争	zhēng	정	정사	政	zhèng
익	더할	益	yì	저	낮을	低	dī	제	덜	除	chú

제	차례	第 dì		주	주인	主 zhǔ				
제	아우	弟 dì		주	물댈	注 zhù			**大**	
제	임금	帝 dì		주	머무를	住 zhù				
제	건널	济 jì		주	달릴	走 zǒu		차	어긋날	差 chā/chà/chāi
제	끝	际 jì		주	지을	做 zuò		차/다	차	茶 chá
제	가지런할	齐 qí		준	허가할	准 zhǔn		차	이	此 cǐ
제	끌	提 tí		중	가운데	中 zhōng/zhòng		차	차례	次 cì
제	표제	题 tí		중	무리	众 zhòng		차/거	수레	车 chē
제	지을	制 zhì		중	무거울	重 zhòng/chóng		차	빌릴	借 jiè
제	모두	诸 zhū		즉	곧	即 jí		차	또	且 qiě
조	아침	朝 zhāo/cháo		즘	어찌	怎 zěn		착	섞일	错 cuò
조	조수	潮 cháo		증	일찍	曾 céng		착	붙을	着 zhe/zháo/zhuó
조	고를	调 diào/tiáo		증	더할	增 zēng		찬	도울	赞 zàn
조	가지	条 tiáo		증	증명할	证 zhèng		찰	살필	察 chá
조	이를	早 zǎo		지	가질	持 chí		참	참가할	参 cān
조	지을	造 zào		지	땅	地 dì/de		참	우두커니설	站 zhàn
조	찾을	找 zhǎo		지	갈	之 zhī		창	헛간	厂 chǎng
조	비출	照 zhào		지	다만	只 zhǐ/zhī		창	부를	唱 chàng
조	도울	助 zhù		지	알	知 zhī		창	비롯할	创 chuàng/chuāng
조	긁을	抓 zhuā		지	지탱할	支 zhī		채	캘	采 cǎi
조	할아비	祖 zǔ		지	가지	枝 zhī		채	나물	菜 cài
조	짤	组 zǔ		지	가리킬	指 zhǐ		책	꾀	策 cè
족	발	足 zú		지	종이	纸 zhǐ		책	꾸짖을	责 zé
족	겨레	族 zú		지	그칠	止 zhǐ		처	곳	处 chù/chǔ
존	있을	存 cún		지	뜻	志 zhì		척	자	尺 chǐ
종	쫓을	从 cóng		지	이를	至 zhì		천	뚫을	穿 chuān
종	끝	终 zhōng		직	짤	织 zhī		천	일천	千 qiān
종	종	钟 zhōng		직	구실	职 zhí		천	하늘	天 tiān
종	씨	种 zhǒng/zhòng		직	곧을	直 zhí		철	쇠	铁 tiě
좌	왼	左 zuǒ		진	진	陈 chén		청	푸를	青 qīng
좌	자리	座 zuò		진	다할	尽 jìn		청	맑을	清 qīng
좌	앉을	坐 zuò		진	나아갈	进 jìn		청	갤	晴 qíng
죄	허물	罪 zuì		진	참	真 zhēn		청	청할	请 qǐng
주	술	酒 jiǔ		질	바탕	质 zhì		청	들을	听 tīng
주	두루	周 zhōu		집	모일	集 jí		체	몸	体 tǐ
주	섬	洲 zhōu		집	잡을	执 zhí		체	바꿀	替 tì
주	고을	州 zhōu						초	풀	草 cǎo

초	뛰어넘을	超 chāo
초	처음	初 chū
초	주춧돌	础 chǔ
촉	절박할	促 cù
촌	마을	村 cūn
총	거느릴	总 zǒng
최	가장	最 zuì
추	밀	推 tuī
추	쫓을	追 zhuī
춘	봄	春 chūn
출	날	出 chū
충	찰	充 chōng
충	찌를	冲 chōng
충	벌레	虫 chóng
취	이룰	就 jiù
취	취할	取 qǔ
취	부리	嘴 zuǐ
측	잴	测 cè
층	층	层 céng
치	값	值 zhí
치	다스릴	治 zhì
치	이를	致 zhì
치	둘	置 zhì
칙	법칙	则 zé
친	친할	亲 qīn
칠	일곱	七 qī
침	침노할	侵 qīn
침	바늘	针 zhēn
칭	일컬을	称 chēng

ㅋ

쾌	쾌할	快 kuài

ㅌ

타	칠	打 dǎ
타	남	他 tā
타	다를	它 tā
타	그녀	她 tā
탁	맡길	托 tuō
탄	탄알	弹 dàn/tán
탈	빼앗을	夺 duó
탈	벗을	脱 tuō
태	클	太 tài
태	모양	态 tài
토	칠	讨 tǎo
토	흙	土 tǔ
통	거느릴	统 tǒng
통	통할	通 tōng
통	아파할	痛 tòng
퇴	물러날	退 tuì
투	싸울	斗 dòu
투	씌울	套 tào
투	던질	投 tóu
특	특별할	特 tè

ㅍ

파	땅이름	巴 bā
파	어조사	吧 ba
파	잡을	把 bǎ
파	파할	罢 bà
파	물결	波 bō
파	뿌릴	播 bō
파	두려울	怕 pà
파	갈라질	派 pài
파	깨질	破 pò
판	힘쓸	办 bàn
판	판자	板 bǎn
판	가를	判 pàn
팔	여덟	八 bā
편	맬	编 biān
편	편할	便 biàn/pián
편	조각	片 piàn
평	평평할	平 píng
평	품평할	评 píng
포	쌀	包 bāo
포	베	布 bù
포	달릴	跑 pǎo
표	표할	标 biāo
표	겉	表 biǎo
표	쪽지	票 piào
품	물건	品 pǐn
풍	바람	风 fēng
풍	풍년	丰 fēng
피	이불	被 bèi
피	가죽	皮 pí
필	반드시	必 bì

ㅎ

하	어찌	何 hé
하	하천	河 hé
하	입벌릴	呀 yā
하	아래	下 xià
하	여름	夏 xià
학	배울	学 xué
한	나라	汉 hàn
한	한정	限 xiàn
함	소리칠	喊 hǎn
함	머금을	含 hán
합	마실	哈 hā
합	합할	合 hé
항	항구	港 gǎng
항	막을	抗 kàng
항	거리	巷 xiàng/hàng
항	항목	项 xiàng
해	갖출	该 gāi
해	어린아이	孩 hái
해	바다	海 hǎi

해	해칠	害	hài	**호**	어조사	乎	hū	**활**	미끄러질	滑	huá
해	풀	解	jiě	**호**	부를	呼	hū	**활**	살	活	huó
핵	씨	核	hé	**호**	서로	互	hù	**황**	누를	黄	huáng
행	갈	行	xíng/háng	**호**	지게	户	hù	**황**	하물며	况	kuàng
향	시골	乡	xiāng	**호**	지킬	护	hù	**회**	돌아올	回	huí
향	향기	香	xiāng	**혹**	혹	或	huò	**회**	모일	会	huì
향	울릴	响	xiǎng	**혼**	혼인할	婚	hūn	**획**	그을	划	huà/huá
향	향할	向	xiàng	**홀**	소홀히할	忽	hū	**획**	얻을	获	huò
허	허락할	许	xǔ	**홍**	붉을	红	hóng	**효**	본받을	效	xiào
험	험할	险	xiǎn	**화**	화목할	和	hé/huo	**후**	뒤	后	hòu
험	중험할	验	yàn	**화**	꽃	花	huā	**후**	물을	候	hòu
혁	가죽	革	gé	**화**	화려할	华	huá	**훈**	가르칠	训	xùn
현	지금	现	xiàn	**화**	그림	画	huà	**휘**	휘두를	挥	huī
현	고을	县	xiàn	**화**	될	化	huà	**흑**	검을	黑	hēi
현	밝을	显	xiǎn	**화**	이야기	话	huà	**흔**	매우	很	hěn
혈	피	血	xuè	**화**	불	火	huǒ	**흘**	먹을	吃	chī
협	합할	协	xié	**화**	세간	伙	huǒ	**흡**	마실	吸	xī
형	형상	形	xíng	**화**	재화	货	huò	**흥**	일	兴	xīng/xìng
형	거푸집	型	xíng	**확**	군을	确	què	**희**	바랄	希	xī
형	형	兄	xiōng	**환**	돌아올	还	huán/hái	**희**	기쁠	喜	xǐ
호	터럭	毫	háo	**환**	기뻐할	欢	huān	**희**	놀	戏	xì
호	좋을	好	hǎo/hào	**환**	고리	环	huán				
호	이름	号	hào	**환**	바꿀	换	huàn				

〈부록4〉 우선순위 1000자 (병음순)

A

啊 ā/á/ǎ/à	아 어조사
爱 ài	애 사랑
安 ān	안 편안할
按 àn	안 누를
案 àn	안 책상
暗 àn	암 어두울

B

吧 ba	파 어조사
八 bā	팔 여덟
巴 bā	파 땅이름
把 bǎ	파 잡을
罢 bà	파 파할
百 bǎi	백 일백
白 bái	백 흰
般 bān	반 일반
班 bān	반 나눌
板 bǎn	판 판자
办 bàn	판 힘쓸
半 bàn	반 반
帮 bāng	방 도울
包 bāo	포 쌀
宝 bǎo	보 보배
保 bǎo	보 보전할
报 bào	보 알릴
背 bēi/bèi	배 등
北 běi/bèi	북 북녘
被 bèi	피 이불
备 bèi	비 갖출
本 běn	본 근본
比 bǐ	비 견줄
必 bì	필 반드시
编 biān	편 맬
边 biān/bian	변 가
辨 biàn	변 나눌
便 biàn/pián	편 편할
标 biāo	표 표할
表 biǎo	표 겉
别 bié	별 다를
兵 bīng	병 군사
并 bìng	병 나란히
病 bìng	병 병
波 bō	파 물결
播 bō	파 뿌릴
补 bǔ	보 기울
步 bù	보 걸을
部 bù	부 나눌
布 bù	포 베
不 bù/bú	불 아니

C

材 cái	재 재목
才 cái	재 재주
财 cái	재 재물
采 cǎi	채 캘
菜 cài	채 나물
参 cān	참 참가할
草 cǎo	초 풀
策 cè	책 꾀
测 cè	측 잴
层 céng	층 층
曾 céng	증 일찍
差 chā/chà/chāi	차 어긋날
查 chá	사 조사할
茶 chá	차/다 차
察 chá	찰 살필
产 chǎn	산 낳을
常 cháng	상 항상
场 cháng/chǎng	장 마당
长 cháng/zhǎng	장 길
厂 chǎng	창 헛간
唱 chàng	창 부를
超 chāo	초 뛰어넘을
潮 cháo	조 조수
车 chē	차/거 수레
陈 chén	진 진
称 chēng	칭 일컬을
成 chéng	성 이룰
城 chéng	성 성
承 chéng	승 받들
程 chéng	정 한도
吃 chī	흘 먹을
持 chí	지 가질
尺 chǐ	척 자
充 chōng	충 찰
冲 chōng	충 찌를
虫 chóng	충 벌레
出 chū	출 날
初 chū	초 처음
除 chú	제 덜
础 chǔ	초 주춧돌

120

处 chù/chǔ	처 곳	低 dī	저 낮을
穿 chuān	천 뚫을	底 dǐ	저 밑
船 chuán	선 배	抵 dǐ	저 막을
传 chuán	전 전할	第 dì	제 차례
床 chuáng	상 평상	弟 dì	제 아우
创 chuàng/chuāng	창 비롯할	帝 dì	제 임금
春 chūn	춘 봄	敌 dí	적 원수
此 cǐ	차 이	地 dì/de	지 땅
次 cì	차 차례	点 diǎn	점 점
从 cóng	종 쫓을	电 diàn	전 번개
促 cù	촉 절박할	掉 diào	도 흔들
村 cūn	촌 마을	调 diào/tiáo	조 고를
存 cún	존 있을	顶 dǐng	정 꼭대기
错 cuò	착 섞일	定 dìng	정 정할
		东 dōng	동 동녘
		冬 dōng	동 겨울

		动 dòng	동 움직일
答 dá	답 대답할	洞 dòng	동 골
达 dá	달 통할	都 dōu/dū	도 도읍
打 dǎ	타 칠	斗 dòu	투 싸울
大 dà/dài	대 클	毒 dú	독 독
代 dài	대 대신할	读 dú	독 읽을
带 dài	대 띠	独 dú	독 홀로
待 dài	대 기다릴	度 dù	도 법도
单 dān	단 홑	端 duān	단 끝
担 dān/dàn	담 멜	短 duǎn	단 짧을
但 dàn	단 다만	断 duàn	단 끊을
弹 dàn/tán	탄 탄알	段 duàn	단 구분
当 dāng/dàng	당 마땅할	对 duì	대 대답할
党 dǎng	당 무리	队 duì	대 무리
刀 dāo	도 칼	多 duō	다 많을
导 dǎo	도 이끌	夺 duó	탈 빼앗을
倒 dǎo/dào	도 넘어질		
到 dào	도 이를		
道 dào	도 길		
的 de/dí/dì	적 과녁		
德 dé	덕 덕		
得 dé/děi/de	득 얻을		
灯 dēng	등 등잔		
登 dēng	등 오를		
等 děng	등 무리		

E

阿 ē	아 언덕
恶 è/ě/wù	악 악할
恩 ēn	은 은혜
儿 ér	아 아이
而 ér	이 말이을
二 èr	이 두

F

发 fā/fà	발 필		
法 fǎ	법 법		
翻 fān	번 날		
反 fǎn	반 돌이킬		
饭 fàn	반 밥		
范 fàn	범 법		
犯 fàn	범 범할		
方 fāng	방 모		
房 fáng	방 방		
防 fáng	방 막을		
访 fǎng	방 찾을		
放 fàng	방 놓을		
非 fēi	비 아닐		
飞 fēi	비 날		
肥 féi	비 살질		
费 fèi	비 쓸		
芬 fēn	분 향내날		
分 fēn	분 나눌		
粉 fěn	분 가루		
封 fēng	봉 봉할		
风 fēng	풍 바람		
丰 fēng	풍 풍년		
否 fǒu	부 아닐		
夫 fū	부 지아비		
福 fú	복 복		
服 fú	복 옷		
府 fǔ	부 고을		
妇 fù	부 지어미		
父 fù	부 아비		
富 fù	부 넉넉할		
负 fù	부 질		
副 fù	부 버금		
付 fù	부 줄		
复 fù	복 다시		

G

该 gāi	해 갖출

改 gǎi	개 고칠	管 guǎn	관 피리	画 huà	화 그림
概 gài	개 대개	馆 guǎn	관 객사	化 huà	화 될
干 gān/gàn	간 방패	光 guāng	광 빛	话 huà	화 이야기
赶 gǎn	간 달릴	广 guǎng	광 넓을	划 huà/huá	획 그을
感 gǎn	감 느낄	规 guī	규 법	坏 huài	괴 무너질
敢 gǎn	감 어찌	归 guī	귀 돌아갈	欢 huān	환 기뻐할
刚 gāng	강 굳셀	贵 guì	귀 귀할	环 huán	환 고리
钢 gāng	강 강철	国 guó	국 나라	换 huàn	환 바꿀
港 gǎng	항 항구	过 guò/guo	과 지날	还 huán/hái	환 돌아올
高 gāo	고 높을			黄 huáng	황 누를
搞 gǎo	고 두드릴	**H**		挥 huī	휘 휘두를
告 gào	고 알릴			回 huí	회 돌아올
哥 gē	가 형	哈 hā	합 마실	会 huì	회 모일
歌 gē	가 노래	孩 hái	해 어린아이	活 huó	활 살
革 gé	혁 가죽	海 hǎi	해 바다	火 huǒ	화 불
格 gé	격 격식	害 hài	해 해칠	伙 huǒ	화 세간
各 gè	각 각각	喊 hǎn	함 소리칠	货 huò	화 재화
个 gè/ge	개 낱	含 hán	함 머금을	获 huò	획 얻을
给 gěi/jǐ	급 줄	汉 hàn	한 나라	或 huò	혹 혹
根 gēn	근 뿌리	毫 háo	호 터럭	婚 hūn	혼 혼인할
跟 gēn	근 발꿈치	好 hǎo/hào	호 좋을		
更 gēng/gèng	경 고칠	号 hào	호 이름	**J**	
供 gēng/gòng	공 이바지할	何 hé	하 어찌		
公 gōng	공 공변될	河 hé	하 하천	激 jī	격 부딪칠
功 gōng	공 공로	合 hé	합 합할	击 jī	격 칠
工 gōng	공 장인	核 hé	핵 씨	鸡 jī	계 닭
共 gòng	공 함께	和 hé/huo	화 화목할	积 jī	적 쌓을
构 gòu	구 얽을	黑 hēi	흑 검을	机 jī	기 틀
够 gòu	구 많을	很 hěn	흔 매우	基 jī	기 터
果 guǒ	과 실과	红 hóng	홍 붉을	极 jí	극 다할
姑 gū	고 시어미	后 hòu	후 뒤	即 jí	즉 곧
古 gǔ	고 옛	候 hòu	후 물을	级 jí	급 등급
鼓 gǔ	고 북	忽 hū	홀 소홀히 할	急 jí	급 급할
骨 gǔ	골 뼈	乎 hū	호 어조사	及 jí	급 미칠
顾 gù	고 돌아볼	呼 hū	호 부를	集 jí	집 모일
固 gù	고 굳을	互 hù	호 서로	己 jǐ	기 몸
故 gù	고 예	户 hù	호 지게	几 jǐ/jī	기 기미
怪 guài	괴 의심할	护 hù	호 지킬	季 jì	계 철
关 guān	관 빗장	花 huā	화 꽃	继 jì	계 이을
官 guān	관 벼슬	滑 huá	활 미끄러울	计 jì	계 셀
观 guān	관 볼	华 huá	화 화려할	记 jì	기 기록할

技 jì	재주	기	재주	金 jīn	금	쇠	看 kàn/kān	간	볼
纪 jì	벼리	기	법	仅 jǐn	근	겨우	抗 kàng	항	막을
济 jì	건널	제	건널	紧 jǐn	긴	긴할	考 kǎo	고	생각할
际 jì	사이	제	끝	尽 jìn	진	다할	靠 kào	고	기댈
既 jì	이미	기	이미	进 jìn	진	나아갈	科 kē	과	조목
家 jiā	집	가	집	近 jìn	근	가까울	可 kě	가	옳을
加 jiā	더할	가	더할	劲 jìn/jìng	경	굳셀	刻 kè	각	새길
假 jiǎ/jià	거짓	가	거짓	经 jīng	경	날	课 kè	과	시험할
架 jià	시렁	가	시렁	京 jīng	경	서울	克 kè	극	이길
价 jià	값	가	값	精 jīng	정	찧을	客 kè	객	손
间 jiān	사이	간	사이	惊 jīng	경	놀랄	肯 kěn	긍	즐길
奸 jiān	간악할	간	간악할	景 jǐng	경	경치	空 kōng/kòng	공	빌
监 jiān	살필	감	살필	竟 jìng	경	끝날	恐 kǒng	공	두려워할
坚 jiān	굳을	견	굳을	境 jìng	경	지경	孔 kǒng	공	구멍
渐 jiān/jiàn	번질	점	번질	镜 jìng	경	거울	口 kǒu	구	입
简 jiǎn	대쪽	간	대쪽	敬 jìng	경	공경할	哭 kū	곡	곡할
检 jiǎn	조사할	검	조사할	静 jìng	정	조용할	苦 kǔ	고	쓸
减 jiǎn	덜	감	덜	究 jiū	구	궁구할	块 kuài	괴	흙덩이
件 jiàn	사건	건	사건	久 jiǔ	구	오랠	快 kuài	쾌	쾌할
见 jiàn	볼	견	볼	九 jiǔ	구	아홉	宽 kuān	관	너그러울
建 jiàn	세울	건	세울	酒 jiǔ	주	술	款 kuǎn	관	정성
江 jiāng	강	강	강	就 jiù	취	이룰	矿 kuàng	광	쇳돌
将 jiāng/jiàng	장차	장	장차	旧 jiù	구	옛날	况 kuàng	황	하물며
讲 jiǎng	이야기할	강	이야기할	救 jiù	구	구원할	困 kùn	곤	궁할
降 jiàng/xiáng	내릴	강	내릴	居 jū	거	살			
交 jiāo	사귈	교	사귈	局 jú	국	판	**L**		
角 jiǎo/jué	뿔	각	뿔	举 jǔ	거	들			
脚 jiǎo	다리	각	다리	巨 jù	거	클	拉 lā	랍	끌
较 jiào	비교할	교	비교할	据 jù	거	의거할	啦 lā	랍	어조사
叫 jiào	부르짖을	규	부르짖을	具 jù	구	갖출	来 lái	래	올
教 jiào/jiāo	가르칠	교	가르칠	句 jù	구	귀절	兰 lán	란	난초
阶 jiē	층계	계	층계	绝 jué	절	끊을	劳 láo	로	수고할
接 jiē	접할	접	접할	决 jué	결	결단할	老 lǎo	로	늙을
结 jié	맺을	결	맺을	觉 jué/jiào	각	깨달을	乐 lè/yuè	락	즐거울
节 jié	마디	절	마디	军 jūn	군	군사	类 lèi	류	무리
解 jiě	풀	해	풀	君 jūn	군	임금	冷 lěng	랭	찰
姐 jiě	누이	저	누이	均 jūn	균	고를	离 lí	리	떠날
界 jiè	지경	계	지경				礼 lǐ	례	예
借 jiè	빌릴	차	빌릴	**K**			李 lǐ	리	오얏
斤 jīn	도끼	근	도끼				里 lǐ	리	안
今 jīn	이제	금	이제	开 kāi	개	열	理 lǐ	리	다스릴

123

利 lì	리 이로울	妈 mā	마 어미	南 nán	남 남녘
力 lì	력 힘	马 mǎ	마 말	难 nán/nàn	난 어려울
历 lì	력 지낼	买 mǎi	매 살	脑 nǎo	뇌 머릿골
例 lì	례 본보기	卖 mài	매 팔	闹 nào	료 시끄러울
立 lì	립 설	麦 mài	맥 보리	呢 ne	니 소곤거릴
联 lián	련 연할	满 mǎn	만 찰	内 nèi	내 안
连 lián	련 이을	慢 màn	만 게으를	能 néng	능 능할
脸 liǎn	검 뺨	忙 máng	망 바쁠	尼 ní	니 여승
练 liàn	련 익힐	毛 máo	모 털	你 nǐ	니 당신
粮 liáng	량 곡식	么 me	마 그런가	您 nín	닌 당신
良 liáng	량 어질	没 méi/mò	몰 빠질	年 nián	년 해
两 liǎng	량 두	美 měi	미 아름다울	念 niàn	념 생각할
亮 liàng	량 밝을	每 měi	매 매양	娘 niáng	낭 어미
量 liàng/liáng	량 헤아릴	妹 mèi	매 누이	牛 niú	우 소
了 liǎo/le	료 마칠	们 men	문 들	农 nóng	농 농사
料 liào	료 헤아릴	门 mén	문 문	弄 nòng	롱 희롱할
烈 liè	렬 굳셀	猛 měng	맹 사나울	努 nǔ	노 힘쓸
列 liè	렬 줄	米 mǐ	미 쌀	女 nǚ	녀 계집
林 lín	림 수풀	密 mì	밀 빽빽할		
零 líng	령 떨어질	棉 mián	면 목화	## O	
领 lǐng	령 거느릴	免 miǎn	면 면할		
另 lìng	령 딴	面 miàn	면 얼굴	欧 ōu	구 구라파
令 lìng	령 명령할	灭 miè	멸 다할		
留 liú	류 머무를	民 mín	민 백성	## P	
流 liú	류 흐를	名 míng	명 이름		
六 liù	륙 여섯	明 míng	명 밝을	怕 pà	파 두려울
露 lù	로 이슬	命 mìng	명 목숨	排 pái	배 늘어설
路 lù	로 길	磨 mó/mò	마 갈	派 pài	파 갈라질
录 lù	록 적을	模 mó/mú	모 법	判 pàn	판 가를
旅 lǚ	려 나그네	某 mǒu	모 아무	旁 páng	방 곁
律 lǜ	률 법	母 mǔ	모 어미	跑 pǎo	포 달릴
乱 luàn	란 어지러울	木 mù	목 나무	培 péi	배 북돋울
略 lüè	락 간략할	目 mù	목 눈	配 pèi	배 짝
论 lùn	론 논할			朋 péng	붕 벗
轮 lún	륜 바퀴	## N		批 pī	비 칠
罗 luó	라 그물			皮 pí	피 가죽
落 luò	락 떨어질	拿 ná	나 잡을	片 piàn	편 조각
		哪 nǎ	나 어찌	票 piào	표 쪽지
## M		那 nà	나 어찌	品 pǐn	품 물건
		奶 nǎi	내 젖	瓶 píng	병 병
吗 ma	마 의문 조사	男 nán	남 사내	凭 píng	빙 기댈

平 píng	평 평평할	确 què	확 굳을	神 shén	신 귀신
评 píng	평 품평할	却 què	각 물리칠	什 shén	십 열사람
破 pò	파 깨질	群 qún	군 무리	甚 shèn	심 심할
普 pǔ	보 넓을			声 shēng	성 소리
				生 shēng	생 날
		R		升 shēng	승 오를
Q				胜 shèng	승 이길
		然 rán	연 그러할	师 shī	사 스승
七 qī	칠 일곱	让 ràng	양 사양할	施 shī	시 베풀
期 qī	기 기약할	热 rè	열 더울	失 shī	실 잃을
齐 qí	제 가지런할	人 rén	인 사람	识 shí	식 알
奇 qí	기 기수	认 rèn	인 알	实 shí	실 열매
其 qí	기 그	任 rèn	임 맡길	十 shí	십 열
起 qǐ	기 일어날	仍 réng	잉 인할	石 shí	석 돌
企 qǐ	기 도모할	日 rì	일 날	时 shí	시 때
气 qì	기 기운	容 róng	용 얼굴	食 shí	식 먹을
器 qì	기 그릇	肉 ròu	육 고기	始 shǐ	시 처음
汽 qì	기 김	如 rú	여 같을	使 shǐ	사 부릴
千 qiān	천 일천	入 rù	입 들	史 shǐ	사 역사
前 qián	전 앞	若 ruò	약 같을	事 shì	사 일
钱 qián	전 돈			士 shì	사 선비
强 qiáng/qiǎng	강 강할	**S**		势 shì	세 기세
桥 qiáo	교 다리			是 shì	시 옳을
切 qiē/qiè	절 끊을	赛 sài	새 굿할	市 shì	시 저자
且 qiě	차 또	三 sān	삼 석	示 shì	시 보일
亲 qīn	친 친할	散 sàn	산 흩을	试 shì	시 시험할
侵 qīn	침 침노할	色 sè	색 색	视 shì	시 볼
轻 qīng	경 가벼울	杀 shā	살 죽일	世 shì	세 인간
青 qīng	청 푸를	山 shān	산 뫼	式 shì	식 법
清 qīng	청 맑을	善 shàn	선 착할	室 shì	실 집
晴 qíng	청 갤	伤 shāng	상 다칠	适 shì	적 맞을
情 qíng	정 뜻	商 shāng	상 장사	收 shōu	수 거둘
请 qǐng	청 청할	尚 shàng	상 숭상할	手 shǒu	수 손
球 qiú	구 공	上 shàng	상 위	首 shǒu	수 머리
求 qiú	구 구할	烧 shāo	소 불사를	守 shǒu	수 지킬
区 qū	구 지경	少 shǎo/shào	소 적을	受 shòu	수 받을
曲 qū/qǔ	곡 굽을	射 shè	사 쏠	书 shū	서 글
取 qǔ	취 취할	社 shè	사 모일	输 shū	수 보낼
去 qù	거 갈	设 shè	설 베풀	熟 shú	숙 익을
权 quán	권 권세	谁 shéi	수 누구	鼠 shǔ	서 쥐
全 quán	전 온전할	深 shēn	심 깊을	属 shǔ	속 무리
缺 quē	결 이지러질	身 shēn	신 몸		

125

数	shǔ/shù	수	셀	态	tài	태	모양	望 wàng	망 바라볼
束	shù	속	묶을	谈	tán	담	이야기	威 wēi	위 위엄
术	shù	술	꾀	堂	táng	당	집	危 wēi	위 위태할
述	shù	술	말할	讨	tǎo	토	칠	微 wēi	미 작을
树	shù	수	나무	套	tào	투	씌울	维 wéi	유 맬
耍	shuǎ	사	희롱할	特	tè	특	특별할	围 wéi	위 둘레
率	shuài/lǜ	솔	거느릴	提	tí	제	끌	为 wéi/wèi	위 행할
双	shuāng	쌍	쌍	题	tí	제	표제	未 wèi	미 아닐
水	shuǐ	수	물	体	tǐ	체	몸	伟 wěi	위 클
睡	shuì	수	잠잘	替	tì	체	바꿀	委 wěi	위 맡길
顺	shùn	순	순할	天	tiān	천	하늘	卫 wèi	위 지킬
说	shuō	설	말씀	田	tián	전	밭	位 wèi	위 자리
司	sī	사	맡을	条	tiáo	조	가지	味 wèi	미 맛
思	sī	사	생각할	跳	tiào	도	뛸	温 wēn	온 따뜻할
斯	sī	사	이	铁	tiě	철	쇠	闻 wén	문 들을
丝	sī	사	실	听	tīng	청	들을	文 wén	문 글월
死	sǐ	사	죽을	停	tíng	정	멈출	问 wèn	문 물을
似	sì	사	같을	通	tōng	통	통할	我 wǒ	아 나
四	sì	사	넉	同	tóng	동	같을	屋 wū	옥 집
松	sōng	송	더벅머리	统	tǒng	통	거느릴	无 wú	무 없을
送	sòng	송	보낼	痛	tòng	통	아파할	午 wǔ	오 낮
苏	sū	소	소생	投	tóu	투	던질	五 wǔ	오 다섯
素	sù	소	흴	头	tóu/tou	두	머리	武 wǔ	무 굳셀
速	sù	속	빠를	突	tū	돌	부딪칠	务 wù	무 힘쓸
诉	sù	소	아뢸	图	tú	도	그림	误 wù	오 그릇될
酸	suān	산	초	土	tǔ	토	흙	物 wù	물 물건
算	suàn	산	셀	团	tuán	단	둥글		
虽	suī	수	비록	推	tuī	추	밀	## X	
随	suí	수	따를	退	tuì	퇴	물러날		
遂	suì	수	이룰	托	tuō	탁	맡길	西 xī	서 서녘
岁	suì	세	해	脱	tuō	탈	벗을	吸 xī	흡 마실
孙	sūn	손	손자					希 xī	희 바랄
所	suǒ	소	바	## W				息 xī	식 숨쉴
								习 xí	습 익힐
## T				外	wài	외	밖	席 xí	석 자리
				玩	wán	완	희롱할	喜 xǐ	희 기쁠
他	tā	타	남	完	wán	완	완전할	戏 xì	희 놀
它	tā	타	다를	晚	wǎn	만	늦을	系 xì	계 이을
她	tā	타	그녀	万	wàn	만	일만	细 xì	세 가늘
台	tái	대	대	王	wáng	왕	임금	下 xià	하 아래
太	tài	태	클	往	wǎng	왕	갈	夏 xià	하 여름

先 xiān	선 먼저	许 xǔ	허 허락할	移 yí	이 옮길
显 xiǎn	현 밝을	续 xù	속 이을	以 yǐ	이 써
鲜 xiān/xiǎn	선 고울	宣 xuān	선 베풀	已 yǐ	이 이미
线 xiàn	선 실	选 xuǎn	선 가릴	艺 yì	예 재주
险 xiǎn	험 험할	削 xuē/xiāo	삭 깎을	义 yì	의 옳을
现 xiàn	현 지금	学 xué	학 배울	议 yì	의 의논할
县 xiàn	현 고을	血 xuè	혈 피	意 yì	의 뜻
限 xiàn	한 한정	迅 xùn	신 빠를	异 yì	이 다를
相 xiāng	상 서로	训 xùn	훈 가르칠	易 yì	이 쉬울
香 xiāng	향 향기			益 yì	익 더할
乡 xiāng	향 시골			银 yín	은 은
想 xiǎng	상 생각할			音 yīn	음 소리

Y

响 xiǎng	향 울릴	压 yā	압 누를	因 yīn	인 인할
像 xiàng	상 모양	呀 yā	하 입벌릴	引 yǐn	인 끌
象 xiàng	상 코끼리	亚 yà	아 버금	印 yìn	인 도장
向 xiàng	향 향할	烟 yān	연 연기	英 yīng	영 꽃부리
项 xiàng	항 항목	言 yán	언 말씀	应 yīng/yìng	응 응할
巷 xiàng/hàng	항 거리	严 yán	엄 엄할	迎 yíng	영 맞이할
消 xiāo	소 사라질	研 yán/yàn	연 갈	营 yíng	영 경영할
小 xiǎo	소 작을	眼 yǎn	안 눈	影 yǐng	영 그림자
笑 xiào	소 웃을	演 yǎn	연 흐를	永 yǒng	영 길
效 xiào	효 본받을	验 yàn	험 증험할	用 yòng	용 쓸
校 xiào/jiào	교 학교	央 yāng	앙 가운데	优 yōu	우 뛰어날
些 xiē	사 적을	洋 yáng	양 바다	尤 yóu	우 더욱
协 xié	협 합할	扬 yáng	양 오를	由 yóu	유 말미암을
写 xiě	사 베낄	阳 yáng	양 볕	油 yóu	유 기름
谢 xiè	사 사례할	养 yǎng	양 기를	游 yóu	유 헤엄칠
心 xīn	심 마음	样 yàng	양 모양	有 yǒu	유 있을
新 xīn	신 새	药 yào	약 약	友 yǒu	우 벗
信 xìn	신 믿을	要 yào/yāo	요 구할	又 yòu	우 또
星 xīng	성 별	爷 yé	야 아비	右 yòu	우 오른
兴 xīng/xìng	흥 일	也 yě	야 어조사	鱼 yú	어 물고기
形 xíng	형 형상	野 yě	야 들	于 yú	우 어조사
型 xíng	형 거푸집	夜 yè	야 밤	雨 yǔ	우 비
行 xíng/háng	행 갈	液 yè	액 즙	语 yǔ	어 말씀
省 xǐng/shěng	성 살필	业 yè	업 업	与 yǔ/yù	여 줄
性 xìng	성 성품	叶 yè	엽 잎	余 yú	여 남을
兄 xiōng	형 형	依 yī	의 의지할	预 yù	예 미리
修 xiū	수 닦을	医 yī	의 의원	玉 yù	옥 옥
需 xū	수 구할	衣 yī/yì	의 옷	遇 yù	우 만날
须 xū	수 모름지기	一 yī/yí/yì	일 한	育 yù	육 기를

圆	yuán	원	둥글	照	zhào	조	비출	重	zhòng/chóng	중 무거울
员	yuán	원	인원	着	zhe/zháo/zhuó	착	붙을	周	zhōu	주 두루
原	yuán	원	근원	者	zhě	자	놈	洲	zhōu	주 섬
元	yuán	원	으뜸	这	zhè	저	이	州	zhōu	주 고을
源	yuán	원	근원	针	zhēn	침	바늘	诸	zhū	제 모두
园	yuán	원	동산	真	zhēn	진	참	主	zhǔ	주 주인
远	yuǎn	원	멀	争	zhēng	쟁	다툴	注	zhù	주 물댈
院	yuàn	원	담	整	zhěng	정	가지런할	住	zhù	주 머무를
愿	yuàn	원	바랄	正	zhèng	정	바를	助	zhù	조 도울
约	yuē	약	묶을	政	zhèng	정	정사	著	zhù	저 나타날
月	yuè	월	달	证	zhèng	증	증명할	抓	zhuā	조 긁을
越	yuè	월	넘을	知	zhī	지	알	专	zhuān	전 오로지
云	yún	운	구름	支	zhī	지	지탱할	装	zhuāng	장 꾸밀
运	yùn	운	옮길	枝	zhī	지	가지	庄	zhuāng	장 별장
				之	zhī	지	갈	转	zhuǎn/zhuàn	전 구를
				织	zhī	직	짤	状	zhuàng	상 모양
				职	zhí	직	구실	壮	zhuàng	장 씩씩할

Z

杂	zá	잡	섞일	直	zhí	직	곧을	追	zhuī	추 쫓을
在	zài	재	있을	执	zhí	집	잡을	准	zhǔn	준 허가할
再	zài	재	다시	值	zhí	치	값	资	zī	자 재물
载	zài/zǎi	재	실을	植	zhí	식	심을	子	zǐ/zi	자 아들
赞	zàn	찬	도울	指	zhǐ	지	가리킬	自	zì	자 스스로
早	zǎo	조	이를	纸	zhǐ	지	종이	字	zì	자 글
造	zào	조	지을	止	zhǐ	지	그칠	总	zǒng	총 거느릴
则	zé	칙	법칙	只	zhǐ/zhī	지	다만	走	zǒu	주 달릴
责	zé	책	꾸짖을	志	zhì	지	뜻	祖	zǔ	조 할아비
怎	zěn	즘	어찌	至	zhì	지	이를	组	zǔ	조 짤
增	zēng	증	더할	制	zhì	제	지을	足	zú	족 발
占	zhān	점	차지할	治	zhì	치	다스릴	族	zú	족 겨레
展	zhǎn	전	펼	致	zhì	치	이를	嘴	zuǐ	취 부리
战	zhàn	전	싸울	置	zhì	치	둘	罪	zuì	죄 허물
站	zhàn	참	우두커니 설	质	zhì	질	바탕	最	zuì	최 가장
张	zhāng	장	펼	钟	zhōng	종	종	左	zuǒ	좌 왼
章	zhāng	장	글	终	zhōng	종	끝	座	zuò	좌 자리
掌	zhǎng	장	손바닥	中	zhōng/zhòng	중	가운데	坐	zuò	좌 앉을
朝	zhāo/cháo	조	아침	种	zhǒng/zhòng	종	씨	做	zuò	주 지을
找	zhǎo	조	찾을	众	zhòng	중	무리	作	zuò	작 지을